KB053288

파주 역사여행

용미리 마애불부터 DMZ까지

임종업 지음

파주의 어제와 오늘

파주시는 경기도에 속한다. 조선시대 식으로 말하면 서울을 똬리처럼 감싸고 있는 경기 북쪽지역이다. 요즘 식으로 말하면 서울 북쪽이며 휴전선에 맞닿아 있다. 경기의 일부로서 파주시는 숙명적으로 서울과 관련된다. 조선시대 진주 강씨, 안동 권씨, 김해, 경주, 광산 김씨, 교하 노씨, 밀양 박씨, 평산 신씨, 청송 심씨, 파평 윤씨, 전주, 경주 이씨, 안동 장씨, 경주 최씨, 청주 한씨, 장수 황씨 등 내로라하는 가문이 세거하며 벼슬아치를 냈다. 벼슬살이할 때는 서울에 머물고, 벼슬이 떨어지면 퇴거했다. 파주에 크기와 치장을 달리한 옛 무덤이 많은 것은 그런 흔적이다.

　현대 들어 파주 땅은 세족 근거지 성격을 잃고 서울의 인구와 자본의 압력을 수용하는 구실이 도드라진다. 운정 신도시는 서울 토건자본이 뻥튀기 하는 무대가 된 동시에, 서울 주택 압력을 견디지 못한 서민들의 보금자리가 됐다. 출판단지 역시 서울 마포 등지에 있던 출판사들이 땅값이 싼 곳을 찾아 집단 이주한 곳이다. 소종래가 다르지만 인접하여 자리 잡은 두 곳은 상호작용하며 파주 서부의 독특한 생태계를 만들어가고 있다.

이러한 흐름 뒤에는 도로와 철도가 있다. 의주로(나중에 통일로로 바뀜), 경의선, 자유로가 그것이다. 쉽게 물길을 건너려 고개를 마다지 않은 의주로는 자동차를 위해 폭을 넓혀 물길 아래 서쪽으로 이동하고, 경사 기피 시설인 철도 경의선은 근대 기술로 물길을 극복하며 들판을 관통한다. 더불어, 한강변을 따라 새로 뚫은 자유로는 파주 서부에 인력과 자본을 끌어들였다. 제2자유로와 문산-서울 고속도로는 이런 현상이 심화되고 있음을 보여주는 증표다.

남북 메인 통로들은 특이하게 문산에서 수렴하여 멎는다. 더 이상 갈 수 없기 때문이다. 자연 장벽 임진강과 인공 장벽 DMZ가 버티고 있다. 장벽은 강고하여 민간인통제선을 아우르며 어떤 자본의 힘도 물리친다. 억울하게 그 선과 겹쳐진 임진강은 파주의 젖줄인데도 그 구실을 잃고 저 혼자 흐른다.

파주의 현재를 만든 것은 아무래도 한국전쟁이다. 전쟁의 시작과 끝을 볼 수 있는 데가 파주다. 1사단이 끝내 폭파에 실패하여 대규모 인민군의 남하를 부른 임진강 철교. 공습으로 편도만 남아 '자유의 다리'라 불리다 다시 이어진 경의선에 구실을 내줬다. 휴전회담, 아니, 정확히 말해 군사정전위회담이 열렸던 판문점. 본디 그다지 실용적이지 못했던 곳이지만 지금은 그 기능마저도 잃고 군사분계선을 잘라 임시 건물에 가두어 관광자원 삼은 기이한 곳이다. 파주의 대략은 얼추 이러하다.

파주를 상징하는 키워드를 중심으로 개별 아이템 정보를 집대성하면 파주 얼개가 될 터이다. 《파주군지》(1995), 《파주시지》(2015)가 대표적이다. 지자체에서 주기적으로 책을 발행해 지역사회 변천사를 매듭지어주니 고마운 일이다. 전자는 세 권, 후자는 무려 아홉 권이다. 내가 설령 날고 긴다 해도 여기에서 더 나아갈 수 없다.

　나는 지자체가 편찬한 《시지》가 방대해지면서 느슨해진 아이템 간의 관계에 주목했다. 판문점과 도라전망대는 DMZ와, 덕진산성·오두산성·설마리·갈곡리·임진강은 전쟁, 그 가운데 특히 한국전쟁과 연결돼 있다. 또 조선과 고려의 유적지인 파주 삼현·용미리 마애이불·혜음원지·윤관묘는 의주로로 연결돼 있다.

　연결성 외에 중층성도 아이템 선정의 잣대가 됐다. 예컨대 오두산성은 삼국전쟁, 한국전쟁, 12.12쿠데타가 겹쳐 있고 덕진산성은 삼국전쟁, 인조반정이 겹쳐 있으며 두 산성은 반란으로 연결돼 있다. 윤관 묘는 파평 윤씨와 청송 심씨의 400년 산송과 더불어 조상 숭배와 풍수설이 극성했던 조선 후기의 단면을 내보인다.

　최대한 널리 알려지지 않은 사실에 주목했다. 특히 임진강 어로 실태는 어부 인터뷰와 국립민속박물관 보고서를 종합해 처음 공개한다. 도라전망대 앞 대규모 포로수용소의 존재도 파주시의 DMZ 및 접경지역 국외 수집 사진자료집 《파주 모던타임즈 1950~1980》에서 확인해 정리했다.

내게 파주 하면 가장 먼저 떠오르는 것은 홍랑이다. 조선시대 문사 최경창과 애끓는 사랑, 거기서 비롯한 〈묏버들가〉는 한국 문학사에 길이 기록될 절창이다. 홍랑을 품은 파주는 행복하다.

첫날, 비무장지대를 가다

이틀째, 임진강은 흐른다

사흘째, 파주의 지역성과 보편성

나흘째, 의주길을 걷다

DMZ
경기도

연천군
포천시
동두천시
파주시
양주시
가평군
의정부시
김포시
고양시
남양주시
구리시
부천
광명
과천
하남시
양평군
시흥
안양
성남시
광주시
군포 의왕
안산시
수원시
용인시
이천시
여주군
화성시
오산시
안성시
평택시

파주시 坡州市
면적 673.86km², 인구 479,183(2021. 10)

파주는 임진강과 한강 하류를 끼고 있어
구석기 시대부터 유물이 고루 발견된다.
삼국시대에는 백제, 고구려, 신라가 차례로 임진강
유역을 차지했다. 개성, 서울과 가까워 역사의
큰 흐름 때마다 중요한 장소가 되었다.
파주에는 둑과 제방이 많다. 파주의 '파'는 언덕을
의미한다. 서울에서 개성을 지나 의주로 이어지는
길목이었으나 현재는 군사분계선으로 길이 막혀 있다.
대규모 신도시 건설이 시작된
2000년대부터 인구가 급증했다.

※ 지도의 번호는 책의 순서에 따릅니다.

═════ 국도
▪▪▪▪▪▪▪ 철도
▬▬▬▬ 의주길(역사문화탐방로)
════ 옛 의주대로

군사분계선

비무장지대 (DMZ)

민간인통제구역 (민통선)

옛 의주대로

37번국도

진서면

진동면

적성면

군내면

리비교

❸

감악산 (675m)

❶

통일로

◎ 해마루촌

파평면

파평산 (496m)

❼

대성동마을

제3땅굴

❸

경의선

❷

통일촌

통일대교

❻

초평도

율곡로

비학산 (454m)

임진나루

문산읍

❷

임진각 평화누리공원

장단면

법원읍

❺

❹

❹

임진강

자유로

문산천

월롱산 (218.5m)

파주읍

탄현면

월롱면

금촌동

광탄면

공릉천

❶ ❷

파주시청 ◎

조리읍

❸

고령산 (622m)

❶

파주삼릉 ●

파평윤씨 정정공파 묘역

운정동

❷

옛 의주대로

❽

파주출판도시

교하동

의주길 (역사문화탐방로)

심학산(194m)

❶

통일로

한강

자유로

경의선

삼송역 ●

전형적인 비무장지대의 모습. 개성공단으로 가는 도로가 DMZ를 가로지르고
그 너머에는 북한의 논이 보인다. 우리 농촌에서는 거의 없어진 둠벙도 흔히 관찰된다.

첫날
비무장지대를 가다

멀지만 가까운 관광지
판문점

파주시 진서면 통일로 3303

140분 판문점 투어(공식 명칭은 견학)는 임진각에서 시작된다. 신분 확인이 첫 관문이다. 평화누리공원 끝자락에 위치한 DMZ 생태관광지원센터 1층 판문점 견학안내소에서 신분증을 대조하여 본인이 맞는지를 본다. 그 다음 정해진 서식에 따라 주소와 연락처를 쓰되 그 정보가 다른 곳에 제공되는 것에 동의해야 한다.

다단계 출입 절차

사전 절차를 마치면 '판문점 견학증'이 주어진다. 이 증명서는 투어하는 동안 내내 목에 걸어야 한다. 버스는 거의 출발하자마자 통일대교에서 정지당한다. 자연 장벽 임진강과 일치하는 민간인통제선 관문이다. 군인의 검문검색. 견학안내소에서 신분 확인을 거친 탓인지 병사가 올라와 인원 확인을 하는 약식이다.

판문점 견학안내소 건물. 임진각 평화누리공원에 있다.

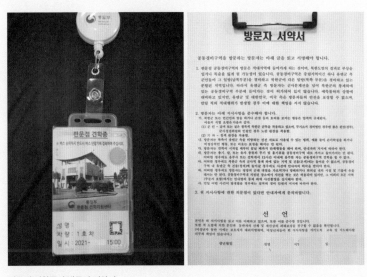

판문점 견학증과 방문자 서약서

다음 관문은 DMZ 들머리에 위치한 JSA대대 캠프 리버티벨. 버스를 내려 JSA 안보견학관JSA visitor center 1층 강당에서 한 번 더 절차를 거친다. '방문자 서약서'를 쓰고 '웰 메이드' 판문점 역사 동영상을 봐야 한다. 서약서가 참 재밌다. 요지는 다음과 같다.

판문점에서 북한 도발로 인해 부상 또는 사망할 수도 있다. 예측 불허 상황에 대비하고 있지만, 유엔군 및 대한민국, 미국 측은 방문자의 안전을 보장할 수 없으며, 만일 적의 적대행위가 발생할 경우 이에 대한 책임을 지지 않는다.

서약서에는 방문자에 대한 '지시 사항'이 포함돼 있다(17쪽 참조). 서약서는 지시 사항을 준수할 것을 요구하고 "적 도발에 의한 본인과 동반자의 신체 및 재산상의 피해 보상을 청구할 수 없"음을 한 번 더 상기시키고 서명을 받는다. 다치거나 죽을 수도 있지만 유엔군이든, 대한민국이든, 미국이든 아무도 책임지지 않는다는 위협이다. 그런 지역이 대한민국 안에 존재한다는 사실이 슬프다. '북한의 도발 행위'에 의한 사상으로 한정하기는 하지만 방문자를 대하는 문구가 살벌하다. 같은 내용이더라도 순화해서 이렇게 쓰면 어떨까.

한반도 분단과 한국전쟁의 현장, 판문점 견학을 환영한다. 이곳은 북한군과 미군 병력이 근거리에서 복무하는 곳으로 상호 협정을 준수하여 비교적 안전한 곳이다. 유엔군과 대한민국, 미국은 여러분의 안전한 견학을 위해 최선을 다하고 있다. 다만 북한군의 돌

가. 북한군 또는 민간인과 말을 하거나 손짓 등의 호의를 보이는 행동은 엄격히 규제된다. 이들의 식별 요령은 다음과 같다.

　(1) 군인-갈색 또는 짙은 황록색 북한군 군복을 착용하고 있으며, 무기 소지 경비병인 경우엔 붉은 완장(경무), 군사정전위원회 인원인 경우 노란 완장을 착용함.

　(2) 기사-청색 완장을 착용함.

나. 방문자는 북측이 유엔군 측을 비방하는 선전 자료로 사용될 수 있는 행위, 예를 들면 손가락질을 하거나 비정상적인 행동 또는 비웃는 표정을 해서는 안 된다.

다. 방문자는 견학이 시작될 때부터 끝날 때까지 단체행동을 해야 하며, 안내자의 지시에 따라야 한다.

라. 방문자는 총기, 칼, 또는 유사 종류의 무기 또는 흉기류를 공동경비구역 내로 가지고 들어가서는 안 된다. 어떠한 경우에도 음주자 또는 12시간 이내에 음주한 자는 공동경비구역 견학을 할 수 없다.

마. 어떠한 경우에도 북한군 측의 군사적 통제 하에 있는 지역 및 건물(은색)에는 들어갈 수 없으며 공동경비구역 내 유엔군 측 건물(청색)에 들어갈 경우에도 사전에 안내자의 허락을 받아야 한다.

바. 어떠한 경우에도 방문자는 쌍방의 군대 대열을 가로막거나 방해하거나 회의실 내의 시설 및 기물에 손을 대서는 안 된다. 공동경비구역 내 지정된 장소에서 사진을 찍는 것은 허용되어 있지만, 그 이외의 모든 지역(주둔지 포함)에서는 안내병의 통제 하에 사진 촬영을 실시해야 한다.

사. 만일 어떤 사건이 발생했을 경우에는 침착히 경비 인원의 지시에 따라야 한다.

발 행위에 의한 상해와 사망은 책임지지 않는다. 수교가 없는 북
한에 책임을 묻기는 사실상 불가능하다. 자신의 안전을 위해 다음
사항을 지켜주길 바란다.

DMZ 안으로 들어갈 차례다. 다시 버스를 타려니 분위기가 이상하
다. 소용돌이 태극 마크를 단 통일부 판문점 견학지원센터 소유의
버스가 서 있던 자리에 하늘색 JSA대대 휘장을 단 군용버스가 서
있다. 동영상을 보는 사이에 바꿔치기한 거다. 그 이유는 잘 모르겠
다. 추측 1. 판문점은 유엔군(미군) 관할이므로 유엔군(미군) 소유 차
량 외 한국정부 소유, 또는 민간 소유 차량은 출입할 수 없다. 추측
2. 검색을 거치지 않은 외부 차량은 위험물 탑재 여부를 보증할 수
없으므로 사전에 점검한 군용차량으로 대체한다. 추측 3. 판문점 홍
보용으로 통일부와 국방부가 각각 예산을 들여 버스를 마련하였기
에 그 어느 쪽을 놀릴 수 없어 구간을 둘로 나누어 운행한다. 버스
를 갈아 태울 이유는 많다.

　　JSA부대에서 판문점까지는 직선 길이다. 중간에 왼쪽으로 대성
동 가는 샛길, 오른쪽으로 오울렛 GP 가는 샛길이 있을 뿐 단조롭
다. 어쩌면 흡인력인 큰 판문점을 목전에 두었기에 그렇게 느껴질
터이다. 임진각에서 동승한 민간인 안내원은 자리에 앉고 JSA대대
에서 탑승한 군용 안내원, 즉 안내병이 그 역할을 이어받는다. 젊은
병사는 통로에 서서 의례적인 서비스를 한다. 당번이 누구냐에 따라
다르겠지만 내가 포함된 일행을 안내한 병사는 매뉴얼에 따라 문장
을 외운 듯 단조로운 톤에 시답잖은 내용을 담았다. 중간에 말을 끊

거나 질문을 하는 경우에 어떻게 대처하는지는 매뉴얼에 포함되지 않은 듯하다. 질문을 하니 그에 대한 답을 하지 않은 채 나중에 질문 시간을 따로 준다고 말하고 자기 말을 계속한다. (실제로 돌아오는 버스에서 질문 시간이라며 잠시 짬을 내는데, 아무도 입을 열지 않았다.)

드디어 판문점

드디어 판문점 공동경비구역 입구다. 파고다형 초소의 초병이 거수 인사를 했는지 하지 않았는지 기억이 나지 않는다. 다만 정복이 아닌 전투복에 작업모를 썼고 손에는 차량 체크를 위한 서류판을 들고 있었던 듯하다. 빤질빤질한 헬멧, 검은 선글라스에 권총은 아니어도 단독 군장을 예상했는데 그게 아니다. 초소를 지나면 바로 오른편으로 샛길이 나 있고 중립국감독위원회 스위스, 스웨덴 캠프 안내판이 세워져 있다. 잠시 뒤 버스는 왼쪽으로 꺾어 한국 적십자사 건물 앞(평화의집)에 정차한다. 버스에서 내린 사람들은 바짝 얼어 있다. 두리번두리번 주변을 돌아볼 뿐 여느 관광지에서처럼 촬영용 핸드폰을 꺼내지 않는다. 버스 안에서 안내병이 허락된 곳 외에는 사진을 찍을 수 없다고 엄포를 놓은 탓이다.

원형 잔디 구역을 돌아 '자유의 집' 아래를 통과하는 계단을 올라서면 사진에서 늘 보아오던 판문점의 대표적인 장소가 펼쳐진다. 푸른 벽, 푸른색 맞배지붕의 길쭉한 두 건물 사이로 북쪽의 판문각이 보이고, 전면에 '헌병' 바가지 헬멧에 선글라스를 쓴 초병 두 명이 다리를 어깨 넓이로 벌리고 서 있는 장면으로 기억되는 바로 그곳이다. 기억 또는 매스컴에 대한 배신감이 든다. 사진쟁이의 이미

첫날, 비무장지대를 가다

군사분계선을 대신하는 판문점 유엔사 건물인 T2와 T3 사이 북한의 판문각이 보인다.
T1 : 중립국감독위원회 회담장, T2 : 군사정전위원회 회담장, T3 : 공동일직장교 사무실.
문재인 대통령과 김정은 위원장이 악수를 한 곳은 T2와 T3 사이의 군사분계선.

판문각

T1 T2 T3

군사분계선

도보다리

자유의 집

평화의 집

성큰가든

팔각정

장명기 상병 추모비

지를 통해 뇌리에 저장된 그것은 그보다 훨씬, 아주 훨씬 넓은 풍경의 일부분이었다. 푸른 두 건물은 T2(유엔사 군정위 회의실), T3(유엔사 공동일직장교 사무실)로, 군사분계선 상 일련의 일곱 채 건물 중 두채, 즉 7분의 2에 불과했다.

위상과는 사뭇 다른 인상

이들 건물은 한국 현대사에서 차지하는 비중에 비해 소박함을 넘어 왜소해 보였다. 왜일까.

내가 선 자리가 높은 탓이다. 군정위 회담용 건물을 사이에 두고 북의 판문각을 마주한 자유의 집. 건물을 지을 때 판문각과 높이를 맞추기 위해 인위적으로 지반을 돋웠다. 내가 선 자리가 바로 높이를 돋운 자유의 집 기단으로, 회담용 건물 앞길과는 서너 개의 계단 차이로 회담장을 내려다보는 위치다.

약간의 뒷얘기가 있을 수밖에 없다. 판문점 구역은 북에서 남으로 기울어진 경사지다. 그러한 지세에 따라 북의 판문각은 자연스럽게 남쪽을 굽어보는 모양새가 됐다. 휴전회담을 하고 휴전협정을 조인한 건물은 판문점 구역에서 서쪽으로 500미터 정도 떨어진 곳에 있다. 군사분계선 지도를 그리는 동시에 휴전협상이 열렸고, 협정에 사인한 뒤 협상장이 분계선 북쪽 북측 DMZ 안에 위치한다는 사실을 알게 됐다. 군정위 회담 장소를 군사분계선 상으로 옮겨야 할 필요에 따라 이동해 온 곳이 현재의 위치다. 유엔사에서 선정했다는데, 미군 공병장교가 지세를 읽을 줄 모르는 탓에 북한 측이 유엔사를 내려다볼 수 있는 장소를 택하게 되었다. 북한 측이 판문각을 근사하게 짓자 질세라 남쪽에서 자유의 집을 돋워 지은 것. 그 결과 판문점의 메인 빌딩인 분계선 위에 있는 건물들보다 남북 각각의 배후 건물이 더 높고 웅장하게 지어지면서 빚어진 시각효과가 크다.

실제로 회담장 건물들은 단순 소박하다. 지면에서 15센티미터 정도 돋운 콘크리트 기초 위에 벽을 세우고 지붕을 얹은 단순한 건물이다. 모두 맞배 또는 우진각 지붕의 단층이며, 평면 역시 단순하여 남북으로 길쭉한 직사각형이다. 맞배지붕 목조건물은 T1, T2, T3 등 세 동인데, 모두 유엔사 관할이며 전체가 하늘색으로 도색돼 있다. 나머지 건물들, 서쪽에 셋, 동쪽에 하나가 배치된 건물은 모두 우진각 지붕인데 북한 쪽 관할이며 은색으로 도색돼 있다. 벽체가 특이한데, 표면이 우진각 지붕처럼 볼록한 문양을 가진 커다란

잔디 공원(옛 성큰가든)을 배경으로 군인이 관광객의 사진을 찍어주고 있다.

첫날, 비무장지대를 가다

사각형 블록을 쌓아올린 모양새다. 접근 불가인지라 벽체에 타일을 붙인 건지, 실제 블록으로 벽을 쌓았는지 알 수 없다. 옛 사진을 보면 목조 패널벽에 단열재와 타일형 마감재를 붙인 것으로 추정된다. 건물명이 된 'T'는 'Temporary'에서 왔는데, 건물 자체가 템퍼러리(임시적)하게 지어졌다.

접근이 가능하고 실제 내부를 공개하는 건물은 유엔 관할의 T2. 군사정전위원회 회담이 열리던 곳이다. 건물의 단면은 대칭. 남쪽과 북쪽으로 출입구가 있어 쌍방의 대표들이 각각 출입할 때 쓰인다. 각각의 출입구 안쪽 옆으로 작은 격실은 통역자용이다.

내부의 가구 배치도 완전 대칭이다. 남북으로 길쭉한 직사각 단면 한가운데를 가로지르는 군사분계선에 맞춰 가로로 길쭉한 테이블이 놓이고 남북으로 각각 네 개의 의자가, 동서쪽 변에 각각 한 개의 의자가 놓였다. 유엔 측과 북한-중국 정전위원회 대표들이 마주 앉아 회의를 하던, 바로 그 테이블이다. 중앙의 가로 테이블, 남과 북쪽에는 각 진영의 참모들 열 명이 앉을 수 있는 장테이블과 두 명이 마주앉을 수 있는 서기석 소형 테이블이 있다.

정복으로 성장한 장성급 대표들이 자욱한 담배연기 속에서 설전을 벌이던 곳이다. 한가운데 테이블에 같이 앉았다고 해도 대표만 발언권이 있고 나머지는 각각의 대표를 보좌하며 자리를 지키고 있을 뿐이다. 건물의 동서쪽으로는 창문이 나 있어, 회담이 진행되는 동안 기자나 참관인들이 이를 지켜볼 수 있게 돼 있다. 그것이 회담을 희극적으로 변화시킨 요인 중 하나였다. 자신의 활동이 언론에 그대로 노출되고, 상부에 그대로 보고될 수 있기에 양방의 대표들은 필사적이었다. 1972년 중간 휴식 시간을 두기 전까지 양쪽 대표들은 오줌통을 차고 오기로 버텼다고 한다. 코로나19로 거리 두기를 권장하는 요즘, 조밀한 공간에서 복닥거리는 회담장 상황은 흑백사진 속 역사가 되었다.

여름 땡볕, 겨울 추위에는 어땠을까. 벽과 지붕이 요즘처럼 단열이 되지 않았을 터, 몹시 덥고 몹시 추웠을 텐데…… 창문을 작게 낸 것은 외기를 차단하기 위해서였을까? 한쪽 구석에 스탠드 에어컨이 보인다. 비교적 최근에 설치한 신제품이다. 애초 라디에이터를 쓰지 않았나 싶다. 벽 안팎으로 이를 연결했던 흔적이 남아 있다. 천장은 석고보드, 바닥은 인조타일로 마감했다. 원래 그러했는지 교체한 것인지 알 수 없다. JSA대대 어딘가에 있을 건물대장을 보면 금세 확인 가능할 텐데…… 하긴 그걸 알아 뭘 하겠나.

남북 모두의 관광지

판문점은 남북 공히 관광 대상지다. T2 역시 포함돼 있을 터. 남북 관광객이 맞닥뜨리는 일은 없을까. 반은 맞고 반은 틀리다. T2 건물이 남한, 북한 관광 대상임은 맞다. 남쪽에서 온 사람들은 남쪽 출입구로 들어가 군사분계선의 효력이 정지된 공간을 체험하고 남쪽 출입구로 나간다. 북쪽에서 온 사람들의 동선은 남쪽 사람들과 대칭이다. 하지만 관광객이 건물 안에서 조우하는 일은 없단다. 투어 일정이 상호 공유되어 겹칠 경우 이를 조절함으로써 상호 접촉을 차단한다.

T2 건물을 돌아보고 나오면 기분이 한결 누그러진다. 밀폐된 공간에서나마 군사분계선을 넘나드는 경험을 하고, 창문 너머로 남

자유의 집 정문 출입문

유엔사 군정위 회담장(T2) 내부. 건물 바깥의 군사분계선이 테이블 위의 전선으로 연결된다.
그러나 건물 내부는 남과 북을 구분하지 않으므로 북한 영역으로 이동할 수 있다.

북한 정상이 손잡고 넘은 시멘트 분계선을 지근거리에서 보았기에 그렇다. 문재인-김정은의 월경이 엄숙했던 반면 트럼프-김정은의 그것은 희극적이다 못해 문-김 퍼포먼스까지 우습게 만들지 않았나. 건물을 나와 길을 따라 동쪽으로 이동한다. T3, 인민군 오락실. 건물 앞 작은 나무 발판(포디움)에 한 명씩 서 있는 병사들이 왠지 말을 걸면 대답을 할 것 같다.

건물이 끝난 공터. 옛날 유엔사 기자 대기실이 있던 자리이자 정주영 회장이 1998년 소떼를 몰고 지나간 소떼길 옆, 군사분계선 상에 반송(다복솔) 한 그루가 심어져 있다. 그 앞에 화강암 비석이 웅장하다. '평화와 번영을 심다 대한민국 대통령 문재인 조선민주주의인민공화국 국방위원장 김정은 2018년 4월 27일.' 남북 판문점 정상회담이 있던 그날, 양국 정상은 정전협정이 체결된 1953년에 싹을 틔운 반송을 심었다. 한라산과 백두산 흙을 섞어 뿌리를 묻고 한강물과 대동강 물을 뿌렸다.

길은 북한군 1초소와 유엔군 4초소 사이를 지나 도보다리로 이어진다. 이 다리는 중립국감독위원회 스웨덴, 스위스 캠프에서 T1, T2, T3로 가는 지름길로, 동선을 줄이기 위해 습지를 가로질러 세웠다. 걸어 다니는 다리라는 뜻의 Foot Bridge를 직역하여 도보다리가 됐다. 유엔 측 관리시설이라 유엔 상징색 하늘색으로 칠했다. 도보다리는 4.27 정상회담 때 문-김 친교산책으로 유명해졌다. 원래는 길이 50미터, 폭 1.5미터로 성인 두 사람이 나란히 걷기에 버거웠는데, 나란히 걷는 친교산책 연출을 위해 2미터로 폭을 넓히고 습지 중간에 T자로 곁다리를 놓았다. 그 끝에 티 테이블을 두어 녹슨

남북 정상회담 당시 문재인 대통령과 김정은 위원장이
군사분계선 상에서 악수를 하고 있다. (판문점 홍보물 촬영)

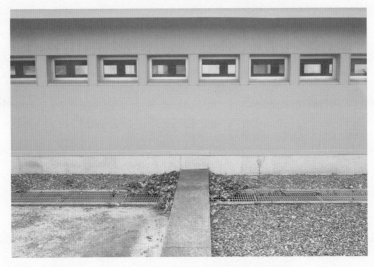

콘크리트 블록이 남북을 가르는 군사분계선. 건물 내부에서는 그 효력이 정지된다.

문재인 대통령과 김정은 위원장이 환담을 나눈 도보다리.
정상회담을 위해 도보다리의 폭을 50센티미터 넓히고 유엔사의 상징인
하늘색으로 다시 칠했다고 한다.

관광객은 군인이 지키고 있는 곳까지만 접근할 수 있다.

군사분계선 표지판을 배경으로 두 정상이 담소하는 장면을 만들어 냈다. 관광객은 도보다리의 딱 중간에서 멈춰야 한다. 중감위 캠프 쪽, 티 테이블 쪽 모두 병사들이 막아서 있다.

이제 더 이상 갈 곳이 없다. 돌아오지 않는 다리는 위험하다며 코스에서 제외돼 있다. 두 시간이 금세 지난다. 다시 일상으로 돌아 갈 시간이다.

안내병을 따라 버스에서 내렸던 장소로 이동한다. 자유의 집을 관통했던 그 경로의 역순이 아니라 팔각정과 유엔군 4초소 사이의 아스팔트 경사로다. 버스를 타기에 앞서 안내병사는 일행을 조형물 앞에 세운다. 순국한 장명기 상병을 위한 묵념의 시간을 갖겠단다. 조형물은 장 상병을 위한 추모비로 앉은키 높이의 사각기둥 위에 이렇게 새긴 동판이 붙어 있다.

"IN FRONT OF THEM ALL"

최전방에서

DEDICATED TO CPL JANG MYONG KI

쏘련인 귀순자 사건에서 전사한

KILLED IN ACTION DURING SOVIET

DEFECTOR INCIDENT

장명기 상병에게 헌납

23 NOVEMBER 1984

자유의 집과 팔각정 사이로 평화의 집이 멀리 보인다.

❶ 최초의 휴전회담장인 개성 내봉장.
1951년 7월 첫 휴전협상이 시작돼 1953년 7월 27일
휴전협정이 체결되기까지 협상장의 위치는
개성 내봉장-널문리-오늘날 판문점*으로 바뀌었다.

❷ 북한군 대표 남일이 판문점에서
휴전협상을 마치고 회담장을 떠나고 있다.
(1951. 11.30)

❸ 북한군이 휴전협정 조인을 위한 건물을 짓고 있는 모습(1953. 7. 23)

❹ 완공된 휴전협정 조인
건물(1953. 7. 25)

❺ 유엔군 수석대표 윌리엄 해리슨 미 육군중장과
북한군 및 중공군 대표단 수석대표 남일 대장의
휴전협정 조인식**(1953. 7. 27) (국가기록원)

❻ 판문점 6개동 공동건물(1958년)
(국가기록원)

❼ 제225차 군사정전위원회 회의장에
도착한 유엔군 대표단(1967.10.2)

---

* 판문점 : 조선시대 의주로의 길목에 있던 주막마을을 지칭한 명칭

** 휴전협정 조인식 다음날 1953년 7월 28일 양측 당사자들은 군사정전위원회 회의규칙 및 신규 판문점 설치 및
건설을 협의했고, 8월 10일 판문점 위치(군내면 조산리 474번지 일대)와 공동사용 건물 6개동 건설을 합의했
다. 9월 3일 6개동 공동건물 공사 착공, 9월 15일 1차공사 완료. 이후 수차례의 협의로 10월 19일 새로운 판문
점과 공동경비구역이 탄생했다. 그리고 10월 25일 완공된 뒤 첫회의가 개최되었다. 이후 판문점은 많은 변화를
거쳤으나 6개동의 기본구조는 현재와 같다.

판문점에서 벌어진
소련인 망명 사건

JSA 안내병이 안내한 추모비 앞에서 나는 당황했다. 비문에 스치는 이름 장명기 상병은 낯선 이름이었고, 이곳에 추모비가 서 있는 까닭을 알지 못했기 때문이다. 돌아오는 버스 안에서 남의 집 묘에 제사지내고 온 듯 찜찜함을 떨쳐버릴 수 없었다. 도대체 그는 누굴까.

추모비의 정체를 찾아

신문기사를 찾아보니, 장명기 상병은 1984년 11월 23일 발생한 판문점 전투와 관련된 것으로 확인된다. 판문점 전투란 북쪽 관광객으로 판문점에 온 소련 청년 바실리 야코블레비치 마투조크가 남쪽으로 탈출하는 과정에서 북한 경비병들과 유엔사 경비병들 사이에 벌어진 40분 남짓의 교전을 말한다.

　장명기 상병은 미군 병사 버고인 이병과 한 조가 돼 4초소 부근

장명기 상병 추모비. 판문점 옛 성큰가든 자리의 맞은편 잔디밭에 놓여 있다.

에서 민간인 인부들의 작업을 감독하고 있었다. 11시 30분경 그곳에서 100여 미터 떨어진 자유의 집 쪽에서 "저놈 잡아라." 하는 고함과 함께 총성이 들려왔다. 장 상병과 버고인 이병은 분계선을 넘어온 외국인 청년과 이를 뒤쫓는 북한 경비병들을 발견하고 권총을 뽑아 경비병들을 향해 총을 쐈다. 경비병들이 응사하는 동안 소련 청년은 남쪽으로 달아나 몸을 숨겼다. 하지만 장 상병은 북한 경비병들의 집중 사격을 받아 사망하고 버고인 이병은 부상을 입었다.

기사에 따르면 그는 전우들로부터 스마일맨, 해피맨, 엑설런트 솔저(훌륭한 군인) 등의 별명을 얻을 정도로 인기가 있었다. 고향인 경북 청도군 이서면 수야2리에 사는 칠순의 할머니, 아버지 장대윤 씨(당시 56세), 어머니 김연선 씨(당시 53세), 두 형 등 가족들도 그의 죽임이 헛되지 않음을 자랑스럽게 여겼다.

사건이 일어난 때를 살았건만 나는 왜 모르고 있을까? 1976년 8월 18일 도끼만행 사건. 돌아오지 않는 다리 근처에서 미루나무 가지치기 작업을 감독하던 미군 장교 두 명이 북한 경비병들에 의해 살해된 사건은 생생하게 기억하는데……. 그 일로 인해 전쟁 일보 직전까지 갔다가 김일성의 공식 사과로 마무리되지 않았던가. JSA 군사분계선 남쪽의 북한군 초소를 없애고 남북 경비 병력들이 상호 분계선을 넘지 못하게 된 것도 그때부터였다.

찜찜했던 판문점 투어는 장 상병을 찾아가는 여정으로 이어졌다. 하지만 한국 그 어디서도 충분한 정보를 얻지 못 했다. 어렵게 찾아낸 글이 armyhistory.org에서 미 예비역 대령 토머스 핸슨이 쓴 〈40분간의 한국전쟁: 1984년 11월 23일 판문점 JSA에서 발생한 소

고 장명기 상병. 도보다리 건너 중립국감독위원회 숙소 쪽에서 JSA를 배경으로 찍었다.
(정명기 상병 가족 제공)

련인 망명 전투A Forty-minutes Korean War: The Soviet Defector Firefight in the Joint Security Area, Panmunjom, Korea, 23 November 1984〉이다. 글을 읽고 나니 글쓴이가 '40분 한국전쟁'이란 제목을 붙인 이유를 알겠다. 그의 기술을 중심으로 소련인 망명 사건이 벌어진 그날로 돌아가 보자.

소련 청년 분계선을 넘다

마투조크는 T2-T3 건물 사이에서 북측 경비병과 사진을 찍는 척하다가 갑자기 뒤돌아서 남쪽으로 달렸다. 분계선 남쪽으로 넘어온 다음 안전하다고 생각한 그는 속도를 늦췄다. 북한 경비병이 권총을 꺼내 그를 향해 총을 쐈다. 깜짝 놀란 그는 동쪽으로 방향을 틀어 내달렸다. 이때 미군 병사 한 명과 카투사 한 명이 그와 함께 달렸다. 유엔사 초소로 유도하기 위해서였다. 하지만 그는 자유의 집 팔각정과 유엔사 4초소(CP4) 사이에서 남쪽으로 방향을 틀어 달리면서 영어로 소리쳤다. "Help me! Cover me!" 두 명의 북한 병사가 그를 쫓아 분계선을 넘었고, 곧바로 5~6명이 합류했다. 이어 15명 이상의 68자동소총으로 무장한 북한 병사들이 분계선을 넘었다. 소련 청년의 망명이 북한군의 남한 영역 침공으로 변질됐다. 마투조크는 남으로 계속 달려 오픈 공간인 성큰가든sunken garden을 지나 돌아오지 않는 다리로 가는 길 북쪽 낮은 습지에 몸을 숨겼다. 에스코트 경비병 중 한 명은 CP4 안으로 들어가 병사들에게 위급 상황을 알리고, 다른 한 명은 정문 초소인 CP2로 달려가 비상 상황을 전했다. 동시에 CP4 2층에서 JSA를 살피던 리처드 하워드 일병은 비상벨을 눌러 캠프 키티호크(현재 캠프 보니파스)에 비상 신호를 보냈다. 여기까지 30초 이내에 벌어진 일이다.

그 다음 15초 동안 유엔사 경비대와 인민군 사이에 총격전이 벌어졌다. 마투조크와 에스코트 병사가 남으로 달리는 동안 성큰가든에서 동쪽으로 15미터 떨어져 있던 두 명의 JSA 병사가 추격하는 북한 병사들에게 사격을 했다. 마이클 A. 버고인 이병의 후술이다.

> 망명자가 나무울(성큰가든 남쪽) 안으로 뛰어드는 것을 보았다. 바로 뒤쪽에 10~15명의 북한 병사가 보였다. 선두의 두 명이 망명자를 향해 총을 쏘았다. 나는 CP4 남쪽으로 6미터 떨어진 나무 뒤에 엄폐해 맨 앞의 북한 병사를 쐈고 그가 쓰러지는 것을 보았다.

버고인 이병과 함께 있었던 병사가 JSA 경비대로 복무하는 카투사 장명기 일병이었다. CP4에서 조니 W. 테일러 중사가 이끄는 열 명의 병사들이 뛰쳐나와 사격에 들어갔다. 이로 인해 북한 병사들은 마투조크 추격을 중단할 수밖에 없었으며 성큰가든으로 몸을 피해 고립됐다. (성큰가든은 움푹 꺼진 연못으로 엄폐 기능이 있다.)

CP5에 근무하던 데이비드 코튼 주니어 상병과 오영석 일병이 CP4 테일러 팀을 제압하려 68소총을 쏘는 두 명의 북한군 경비병을 향해 권총을 쐈다.

마투조크가 분계선을 넘은 지 30초쯤, 당직 JSA 소대장 토마스 톰슨 소위는 교전 상황을 키티호크 캠프 전술작전센터TOC, Tactical Operational Center에 보고했다. TOC의 작전 장교인 헨리 노왁 대위는 경비대장 버트 K 미즈사와 대위를 작전센터로 호출했다. 미즈사와

판문점 성큰가든에서 북한군과 대치 중인 유엔사 경비 병력 (JSA 경비대대 박물관 전시사진 촬영)

는 마침 전술센터 앞에 모여 있던 기동타격대 앞을 지나며 이들에게 출동 차량에 타라고 지시했다. TOC의 노왁으로부터 정황을 파악한 그는 다음 지프에 올라 병력을 인솔해 북으로 이동하면서 톰슨 소위로부터 CP2가 안전한지를 확인했다. 그 당시 그는 망명 사건을 몰랐고 남침한 북한군 격퇴만을 생각했다.

전쟁 직전까지 간 1984년 판문점 전투

망명 15분 뒤인 11시 40분. 소총수 아홉 명으로 된 3개 분대, 그리고 분대별 두 명의 M60 기관총 사수가 배치된 기동타격 소대와 미즈사와의 CECommand Element, 중대장 직속의 지휘부들이 유엔사 CP2 남방 100미터 지점에 하차했다. 미즈사와는 3개 분대 중에서 호세 디아즈 상사의 분대를 헬기장과 CP4와 가까운 JSA 동쪽 지역으로 이동

현재 잔디공원으로 바뀐 성큰가든. 자유의 집 앞에 있는 돌다리에 당시의 총탄 흔적이 있다.

하여 필요시 성큰가든의 북한 병사와 교전하도록 명령했다. 미즈사와는 나머지 2개 분대를 낮은 포복 자세로 성큰가든 남쪽과 서쪽으로 인솔했다. 리처드 램 병장의 분대가 앞서고, 커티스 지센대너 병장 분대가 뒤따랐다. 2개 분대는 북으로 이동하여 포복 자세로 도로를 횡단한 다음 저지대를 관통하여 마투조크가 그곳에 은신한 것을 발견했다. 비로소 사건 전모를 파악한 미즈사와는 마투조크의 망명 의사를 확인하고 하워드 윌리엄스 중사(CE 중 한 명으로 추정됨)에게 마투조크를 키티호크 캠프 안전지대로 후송하라고 명령했다.

마투조크가 위험을 벗어난 다음 그는 북한군을 격퇴하는 데 집중했다. 지센대너 분대를 서쪽으로 이동시켜 JSA 경비대의 좌측을 보강하는 동시에 성큰가든에 고립된 동료들을 지원하려는 북한군의 예상 침투로를 차단했다. 제압 사격은 정확했다. 존 오를리키 상병은 CP4 2층에서 성큰가든으로 40밀리미터 유탄 여러 발을 쏴 북한군 최소 한 명을 사살하고 수 명에게 부상을 입혔다. 램 병장과 분대원들은 아스팔트 주차장을 통과하여 성큰가든으로 뛰어들었다. 램은 작전 뒤에 이렇게 말했다.

"적을 에워싸는 한편 10~15미터 내로 접근한 다음 그들에게 손을 머리 위로 들고 항복하도록 했다."

미즈사와 대위가 CP2에 도착한 뒤 성큰가든 북한 병사의 항복을 받기까지 소요된 시간은 6분. 마투조크가 분계선을 넘은 지 20여 분이 흐른 뒤였다. 사격이 멈추고 미즈사와는 포로 수송을 위해 트럭을 호출했다. 유엔사 병력이 포로들을 확보하고 사망자를 수색하려 할 즈음에 그들은 현 위치에서 움직이지 말라는 명령을 받았다.

사격이 시작된 직후 북한군 공동일직장교인 박 소령은 유엔사 공동일직장교 건물에 있는 미 공군 중사 랜디 A. 브룩스에게 전화를 걸어 사격 중단을 요청했다. 박 소령은 또한 북한군 사망자와 부상자를 후송하기 위해 6명의 비무장 인원과 함께 분계선을 넘는 것을 허가해 줄 것을 요청했다. 브룩스 중사는 이 정보를 미즈사와 대위 또는 자신의 명령 계통선에 알리지 않고 서울 연합군사령부 작전센터에 전달했다. 그날은 유엔사 군정위 부비서인 미 육군 중령 얼 E. 베크톨드가 서울 유엔사 군정위 선임 장교였다. 유엔사 선임 지휘관들이 서해의 섬을 방문하여 접촉할 수 없고 서울의 누구로부터도 지침을 받지 않은 상태에서 베크톨드는 자신의 판단에 따라 북한군의 요청을 조건 없이 수용했다. 브룩스 중사는 성큰가든으로 달려가 소리쳤다. "사격 중지!" "사격 중지!" 명령 계통 외의 브룩스 중사의 외침은 JSA 병력에 혼선을 불렀지만 잠시 뒤 정상적인 계통을 밟아 내려온 명령에 의해 추인됐다.

미즈사와 대위는 정전협정 위반 사건의 증거가 없어지려 한다는 것을 인지하고 분계선으로 급히 이동하여 북한군 지휘관 면담을 요구했다. 정전협정의 규정에 따라 경비대장 미즈사와는 정전협정 위반 사건을 조사하기 위해 북한 쪽 카운터파트와 현장회담을 요구할 권한이 부여돼 있었다. 장교간 회담은 정전위 대표간의 갈등을 완화하고 양측의 체면을 세우는 수단으로 활용되어 왔다. 북한군 지휘관이 승인하면 협정 위반 현장은 보존될 터였다. 하지만 그 시각 북한군 사상자 후송이 진행되고 있었고 박 소령은 미즈사와와 만나기를 거부했다. 미즈사와는 북한군의 도발 증거들이 유엔사 정전위의 승인 하에 제거되는 것을 지켜보았다.

양측은 손실을 점검했다. 버고인 이병이 턱에 총상을 입고 후송됐다. 그의 동료 장 일병은 오른쪽 눈 아래 총 한 발을 맞고 죽은 채 누워 있었다. 버고인이 마투조크를 뒤쫓는 북한 경비병 앞잡이를 사살한 직후 다른 북한 경비병들이 집중 응사함으로써 버고인과 장 일병을 제압했다. 이들은 버고인이 후에 진술한 것처럼 우박처럼 쏟아지는 총탄에 의해 금세 무력화됐다. 버고인은 그의 뒤쪽 CP4에서 나온 테일러의 병사들이 지르는 함성을 듣고 무슨 일인가 고개를 드는 순간 총알을 맞았다. 장 일병이 죽는 순간은 아무도 보지 못했다. 버고인은 장 일병이 사격하기에 더 좋은 자리를 찾아 왼쪽으로 기동하는 것을 보았으며 그가 두어 차례 사격하는 소리를 들었다고

사건 당시를 설명하는 지도.
마투조크의 탈출 경로 표시는 토머스 핸슨의 기술과 다르다. (JSA 경비대대 박물관 전시물 촬영)

말했다. 하지만 그 다음에 무슨 일이 일어났는지 모르겠다고 했다.

브룩스 중사와 톰슨 소위는 북한군이 적어도 두 명이 죽고 두 명이 부상당했다고 믿었다. 다음날 감청된 북한 무전통신은 세 명 사망, 한 명 부상이라고 사상자 숫자를 보고했다. 하지만 추가적인 두 명 사망이 누락됐다. 총격 사건 직후 분계선 북쪽에 있었던 중립국감독위원회 스위스, 스웨덴 대표단은 총격 사건 마무리 수분 뒤에 북한군 메인 건물 뒤쪽에서 북한군 선임 장교가 두 명의 경비병을 총살했다고 보고했다. 총살에 앞서 성큰가든에서 유엔사 병력에 생포됐다가 풀려난 병력과 공동경비구역 고위 장교 사이에 고성과 몸싸움을 동반한 언쟁이 있었다고 한다.

마투조크는 국경선을 넘은 지 일주일 뒤 유엔난민고등판무관

지역사무소가 있는 이탈리아 로마로 날아갔다. 그의 희망에 따라 난민 판정을 받은 그는 미국으로 이송되고, 새로운 이름으로 조용하고 자유로운 '잠수 생활'에 들어갔다. 그의 '범죄'로 인해 그는 소련 학자, 지식인 망명자들 가운데 최고 수배자 명단에 올랐다. KGB는 여러 차례 그를 꾀어 소련으로 데려가려 시도했다. 전사한 장명기 일병에게는 일계급 특진과 함께 화랑무공훈장, 미 육군 동성훈장이 추서되었다.

이 사건 이후로 북한군 장교 박철이 보이지 않았다. 그는 1975년 핸더슨 소령 폭행 사건, 1976년 도끼만행 사건 등 판문점에서 벌어진 강력 사건의 선두에 있었다. 박철이 소련인 망명 사건에도 연루돼 현장에서 사살됐거나 총살당한 것으로 추정되고 있다.

핸슨의 기술이 일목요연한 것으로 보아 미군 쪽 보고서를 종합 정리한 듯하다. 전투 상황에 초점을 맞추어 당시 상황을 이해하기에 충분하다. 다만 장 상병과 관련된 부분은 무척 소략하다. 카투사인 데다 현장에서 사망했고 목격자가 없어 불가피했을까.

장명기 상병을 기리며

장 상병의 유족을 수소문해 소략하지만 그에 관한 정보를 보충한다.

장명기는 1964년 3월 29일 경북 청도군 이서면 수야2리에서 아버지 장대윤과 어머니 김연선 사이 2녀 3남 중 막내로 태어났다. 그의 집안은 과수원과 벼농사를 짓는 중농. 장명기는 고교 때 태권도를 열심히 해 2단을 땄다. 신체 건장하고 쾌활했다. 부산의 동아대학교 화학과에 진학해 부산에서 자취생활을 했다. 백화점에 갔다

첫날, 비무장지대를 가다

가 소매치기를 목격하고 이를 붙잡아 경찰에 넘긴 적도 있다. 2학년 재학 중 휴학을 하고 군에 입대했다. 논산훈련소에서 기초 훈련을 마친 뒤 유엔사 지원부대(카투사)에 차출됐다. 무술 유단자에다 JSA 부대가 요구하는 신체 조건에 부합했기 때문이다. 평택에서 후반기 훈련을 마친 뒤 판문점 공동경비대에 배치됐다. 복무 중 휴가를 두세 차례 나왔다. 가족들은 장 일병이 귀대할 때 동료들 주라며 사과 상자를 들여보낸 적이 있다.

큰형 성기 씨는 공무원으로 판문점 전투가 있던 날 청도군 보건소에 근무 중이었다. 2시경에 국방부라며 전화가 왔다. 동생의 비보. 부모님을 모시고 동대구역에서 새마을호를 타고 서울역에 내렸다. 여행장병안내소TMO에 협조를 요청했더니 관할이 다르다며 거절했다. 택시를 대절해 자유의 다리 앞 초소로 갔다. 밤 10시 반쯤 JSA부대에서 나와 시신을 용산으로 옮겼다고 알려줬다. 그들과 함께 용산 미군기지 내 121병원으로 갔다. 그곳에서 동생의 시신을 확인했다. 오른쪽 눈과 광대뼈 사이에 총상이 보였다. 부대에서 추진하는 대로 장례절차를 밟았다. 처음에 육군본부장으로 한다는 말이 나왔다가 부대장으로 바뀌었다. 한 달쯤 지나 12월 21일 대전현충원에 안장했다. 월 1회 치르는 합동장례였다. 국가유공자 등 예우 및 지원에 관한 법률에 의거해 중사 1호봉 1년치 봉급을 보상으로 받은 기억이 있다.

성기 씨의 아들 장종은(장명기 상병의 조카)이 2005~2007년 JSA 부대에서 복무했다. 삼촌의 명예를 지키고 삼촌을 더 알고 싶어서였다고 한다. 해마다 그 역시 그날이 오면 판문점에 간다. JSA부대

2021년 11월 23일 거행된 장명기 상병 추모식. JSA 경비대대에서 대원들과 내빈이 참석한 가운데 추모식을 하며, 그후 유가족과 JSA 핵심 인원이 판문점 내 비석 앞에서 다시 추도를 한다.

에서는 거르지 않고 추모행사를 열어 가족을 초청한다. JSA전우회 및 군사정전위원회 관계자들도 참여한다. 몇 해 전부터 JSA대대 강당에서 추모행사를 하고 판문점 추모비 앞에서 헌화하는 식으로 바뀌었다.

JSA부대는 장 상병을 기려 판문점 전투 현장에 추모비를 세우고 당시 그가 머물렀던 막사에 그의 이름을 붙여 장막사로 명명했다. 청도군 청도읍 송읍리 산 11033 충혼탑 옆에 상병 장명기 현충비가 세워졌다. 전투가 벌어진 성큰가든은 현재 매립돼 잔디정원으로 조성됐으며 성큰가든 돌다리는 잔디정원 근처로 자리를 옮겨 보존하고 있다.

동생 이야기를 하면서 성기 씨는 중간중간 숨을 골랐다. "37년이 지난 지금도 눈물이 난다. 부모님 마음이야 오죽하겠나."

첫날, 비무장지대를 가다

도라전망대에서
볼 수 있는 것

파주시 장단면 제3땅굴로 310

도라전망대는 안보관광지다. 판문점, 제3땅굴과 함께 패키지 관광코스로 짜여 있다. 신분증만 있으면 누구에게나 개방해 해마다 60만 명이 다녀간다고 한다. 지난 2018년 160미터 북쪽으로 지하 1층 지상 3층 새 건물을 지어 옮겼다. (북한 쪽으로 더 접근했다는 얘기가 아니다.) 번쩍거리는 외관에 매장, 카페 등을 갖췄다.

위장무늬 좌우대칭의 옛 콘크리트 건물은 현재 비어 있다. 운 좋으면 가끔 그곳에서 열리는 안보, 환경 관련 전시를 볼 수 있다. 젊은 처자들이 안내 병사의 지시봉보다 멋진 몸매에 눈길을 주던 일은 추억이 됐다.

또한 전망대는 군사요충지다. 주변에서 가장 높아 사천강 일대 DMZ는 물론 그 너머 북한 지역을 조망할 수 있다. 오른쪽 전방으로 제3땅굴을 파고 들어온 북한군 GP가 보이고 왼쪽 전방에는 판

도라전망대에서 보이는 DMZ 남방한계선. 멀리 사천강 물줄기가 보인다.

도라전망대에서 본 북녘의 산

DMZ 너머 북한의 들녘, 사천강 줄기 위로 다리가 지나가고,
멀리서 흰 연기가 오르고 있다.

도라전망대에서 본 개성 시내(뒤쪽)와 개성공단(앞쪽)

폭파되어 뼈대만 남은 남북공동연락사무소(중앙)와
충격으로 유리창이 모두 깨진 개성공단 지원센터(오른쪽)

북한의 DMZ 마을인 기정동

남한의 DMZ 마을인 대성동. 기정동과 대성동의 거리는 2킬로미터가 되지 않는다.

문점선언 이후 시범적으로 철거된 한국군 GP 흔적이 남아 있다.

24만의 포로가 양산된 한국전쟁

한국전에 관심 있는 사람이라면 한국전쟁 말기에 도라산 전방 개활지에서 연합군과 중공군 간에 치열한 전투가 벌어졌음을 안다. 사천강 전투다. 그런데 그 개활지가 인구 2만 8천 명의 도시였다는 걸 얼마나 알까. 옛 장단역에서부터 대성동 들판 남단까지 고구마 모양의 땅은 1953년 9월 10일부터 보름 동안 입주가 진행돼 2만 8천 명이 북적거리다 이듬해 2월 18일 마지막 거주자가 퇴거해 유령 도시가 되기까지 약 5개월 동안 존재한 '신기루 도시'였다. 주택, 병원, 이발소 등 웬만한 시설은 다 있었다. 여느 도시와 다른 점은 모든 건물이 텐트로 지어졌고 거주자 대부분이 2030세대라는 것. 이쯤이면 눈치 없는 이도 아하! 하지 않을까. 포로수용소다.

　전쟁은 적대적인 두 세력이 폭력적으로 대규모 인명과 물자를 소모하는 행위를 말한다. 대개 자원의 질과 양이 풍부한 쪽이 그보다 못한 쪽에 대해 주도권을 쥔다. 이 관점에서 한국전을 보자. 개전 초기 베테랑 병사들과 기갑부대를 갖춘 북한군이 주도권을 쥐었다. 낙동강까지 쭉~. 그곳 밀집 대형 전투에서 외국 병력과 물자를 수혈받은 남한군과 먼 길을 달려온 북한군의 소모전. 외국인 주력군인 미군이 인천에 상륙(1950년 9월)하여 배후를 끊음으로써 균형을 깨고 주도권을 넘겨받았다. 남쪽 연합군이 남북한 경계인 38선을 넘어 중국과의 국경에 접근하기까지 다시 쭉~. 국경을 넘은 중국군이 우세한 인력과 낯선 전술로 주도권을 잡았다. 원래의 남북 경계선

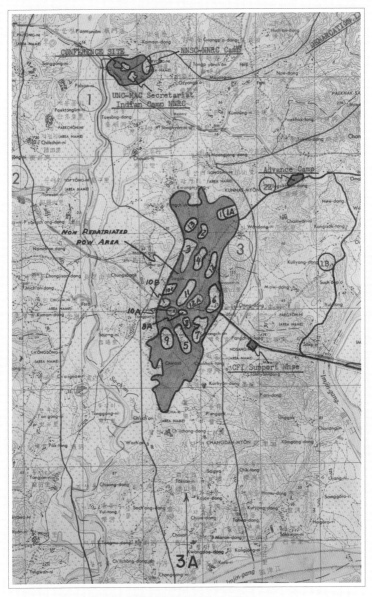

<1953년 4분기 유엔군 사령부 군사정전위원회 병참역사보고>에 첨부된
판문점, 군사정전위원회, 문산리 임시포로수용소 위치 (파주시중앙도서관, 《파주모던타임즈 1950~1980》)

부근까지 또다시 쭉~. 그곳에서 정전협정까지 일진일퇴 진지전.

포로가 발생하는 것은 당연지사. 남쪽 연합군에 사로잡힌 북쪽 인명은 북한군 15만 420명 중국군 2만 1,074명 등 모두 17만 1,494명이다(미군 헌병대 통계). 이 가운데 12만 6,299명이 1950년 10~12월 석 달 동안 발생했다. 전체 북한군 포로의 84퍼센트에 해당한다. 인천상륙작전 이후 전세가 역전돼 북한군 사기가 낮았던 시기다.

북한군 포로에는 투항자, 귀순자 외에 민간인 신분으로 스스로 또는 강제로 북한군에 가담한 자(의용군), 포로가 되어 북한군에 편입된 한국군, 실수로 포로로 분류된 한국군 낙오병 등이 포함돼 있다. 북한은 낙동강 전황이 급해지자 남한 징집병을 대거 투입한 바 있다.

북한에 사로잡힌 연합군 포로는 줄잡아 한국군 6만, 외국군 1만 등 7만 명으로 추정한다. 1951년 12월 18일 상호 포로명부 교환 당시 유엔이 제시한 포로수 13만 2,474명(북한군 9만 5,531명, 중국인 2만 700명, 남한 출신 1만 6,243명)에 비해 북한이 제시한 포로수 1만 1,559명(한국군 7,142명, 유엔군 4,417명 등)이 터무니없다며 유엔 쪽이 언급한 비공식 기대치다. 이들은 개전 초기에 주로 발생한 것으로 보인다. 북한은 개전 초 9개월간 남한군 6만 5천 명을 생포했다고 천명한 바 있다.

치열한 이데올로기 전이었던 포로 송환 문제

포로 문제는 실제 전투처럼 총성은 없지만 치열한 이데올로기 전쟁

이었다. 양측은 자신들이 억류한 포로들을 대상으로 선전, 포섭 활동을 폈다. 남쪽의 경우 성향이 다른 포로들 사이에서 자신의 선명성을 입증하기 위해 상대편을 죽이거나 강제로 문신을 새겨 넣기도 했다. 심지어 거제 포로수용소에서는 수용소장 돗드 준장이 공산군 포로의 포로가 되기도 했다.

통상 포로 교환은 전투 행위가 종결된 다음 진행된다. 전쟁 중 송환하면 상대편의 전투 인력을 보강해 주는 꼴이 되기 때문. 전후에도 사정은 크게 바뀌지 않는다. 정전협상에서 포로 송환 문제는 예상과 달리 첨예하게 대립했다. 북한 측은 유엔군이 물리력을 써서라도 포로들을 모두 송환해야 한다고 주장했다. 유엔군 사령부는 공산독재로의 강제 송환을 거부했다. 이로 인해 휴전협상은 개시 이후 15개월 동안 교착 상태에 빠졌다. 북한군은 송환 거부 허용이 제네바협약에 반하며, 유엔 쪽이 송환 거부를 압박하고 있으며, 모든 전쟁 포로들이 말할 기회가 주어진다면 귀향을 선택할 것이라는 주장을 했다.

유엔 쪽은 자유 송환에 대비해 포로 심사를 진행했다. 1952년 4월 말 포로 17만여 명 가운데 송환 희망자는 인민군 포로 5만 3,900명, 남한 출신 3,800명, 민간인 억류자 7,200명, 중국군 포로 5,100명 등 7만 명임을 확인했다. 6월 23~30일 재심사 결과 1차 때보다 20퍼센트 늘어난 8만 3,071명이었다. 심사 결과에 따라 거제도에 집중됐던 포로들을 성향별로 나누어 재배치했다. 송환 거부자는 육지로 이송했다. 북한군 포로는 부산, 논산, 상무대 등으로, 중국군 포로는 모슬포로 옮겼다. 송환 희망자들은 수천 명 단위에서

500명 단위로 분산 수용하고 일부는 봉암도, 용초도, 제주도로 이송했다.

송환 의사가 확고한 포로는 상호교환에 이견이 없었다. 1953년 8월 5일부터 9월 6일까지 33일에 걸쳐 각자 원하는 쪽으로 돌려보냈다. 《한국전란 4년지》 통계를 보면 북으로 돌아간 인원은 북한군 7만 183명, 중국군 5,640명 등 7만 5,823명이었다. 남으로 돌아온 인원은 한국군 7,862명, 미군 3,597명, 영국군 945, 기타 369명 등 1만 2,773명이다. 억류하는 쪽이 부담스러운 부상병은 이에 앞서 4월 20일~5월 3일 6,670명이 북쪽으로, 684명이 남쪽으로 귀환했다.

송환 거부자는 치명적이었다. 한국전은 이데올로기 전의 성격이 강한 터. 보유한 쪽에서는 이데올로기의 승리 결과물이고, 거부당한 쪽에서는 패배의 결과물이기에 그렇다. 휴전협정 양측은 우여곡절 끝에 1953년 6월 8일 송환 거부 포로에 대한 중립국송환위원회의 임무와 운용에 관한 협정을 체결했다. 협정에 따르면 송환 거부 포로들은 중립국송환위원회의 감독 아래 자신이 소속됐던 나라의 대표로부터 9월 9일부터 12월 23일까지 90일 동안 송환에 대한 설득을 거쳐야 한다. 중립국송환위원회 의장국 인도는 위원회의 활동에 소요되는 군대와 운용위원을 제공한다.

이에 불만을 품은 이승만은 6월 18일과 19일 '반공 포로'를 탈출시킨다. 그가 수족처럼 부리는 헌병총사령관 원용덕을 불러 반공 포로수용소를 접수하도록 명령했다. 그에 따라 반공 포로 3만 5,698명 중 2만 7,388명이 탈출했다. 그 과정에서 58명이 죽고

북한 쪽 포로수용소. 러닝셔츠 젊은이가 국군포로다. (국가보훈처)

북한 쪽에 세워진 송환포로 환영 아치 (국가보훈처)

81명이 부상했다. 사상자는 대부분 부평 수용소에서 미군의 발포로 발생했다. 이러한 이승만의 돌발 행동으로 휴전협정 자체가 위기에 처하자 미국은 '에버레디 작전'을 세워 이승만 제거를 검토한 바 있으며 중국군은 그에 대한 보복으로 7월 중순 한국군 방어 지역에 대한 대공세를 펼쳤다.

최종 확인된 송환 거부자는 연합국 측 2만 2,604명(북한군 7,900명, 중공군 1만 4,704명), 북쪽 359명(한국군 335명, 미군 23명, 영국군 1명)이다. 수적으로 연합군 쪽이 우월한 편이다. 하지만 설득 과정에 따라 상황이 역전될 수도 있다. 설득이 효과를 본다면 상대방이 이데올로기를 강제했다는 증거물로 전환되기 때문이다.

DMZ에 지을 수밖에 없던 포로수용소

도라산 포로수용소 이야기를 하기 위해 먼 길을 돌았다. 송환 거부 포로들은 왜 DMZ로 와야 했을까. 미군 쪽은 이들을 수용하기 위해 그곳에 묻힌 지뢰를 제거하고 엄청난 예산을 들여 텐트시티를 건설해야 했다. 애초 설득을 위한 대표들이 여러 곳에 산재한 상대편 포로수용소를 방문해 그곳에서 설득 작업을 하기로 돼 있었다. 그 다음 중립국송환위원회 확인단이 포로들이 표현한 의사를 확인하는 것이었다.

도라산 포로수용소 건설 이면에는 이승만의 독선이 작용했다. 북진통일주의자인 그는 처음부터 휴전협정에 반대했고 어쩔 수 없이 휴전협정을 수용했을 때도 인도를 전쟁포로 문제의 중재자로 선정하는 것을 반대했다. 인도가 친공적이며 중립적이지 않다는 것

포로수용소 감시탑 (국가보훈처)

이중 철조망을 두른 포로수용소 (국가보훈처)

인도군 관할 문산리 임시포로수용소 전경 (파주시중앙도서관,《파주모던타임즈 1950~1980》)

이다. 우리 편이 아니면 적이라는 흑백논리를 가진 그의 판단이다. 이승만은 "어떠한 인도인도 남한 땅에 발붙이는 것을 허용하지 말라"는 명령을 내렸다. 미군은 코끼리를 냉장고에 넣는 법을 고민하는 처지가 됐다. 그들은 묘수를 찾아내는데, 그것은 비무장지대였다. 한국 땅이되 한국 관할이 아닌 곳. 따라서 인도군이 머물 수 있는 유일한 지역은 비무장지대가 됐고 송환 거부자들을 거기로 옮겨야 했다. 2만 3천여 명의 포로와 그들을 관리할 인도군을 수용할 시설을 비무장지대에 짓느라 미군은 수백만 달러를 써야 했다.

　　인도인 대표단과 관리 군부대의 비무장지대 이동은 각별했다. 인도군 6개 보병대대와 부속부대 등 5천 명이 인천항에 도착했지만 한국 땅을 밟는 것이 허용되지 않았다. 미군은 헬기를 동원해 인도

군을 그들이 타고 온 배에서 비무장지대로 옮겼다. 당시 헬기 한 대에 탑승할 수 있는 병력은 다섯 명, 인천항-파주 DMZ 편도비행 시간은 35분이었다. 실어 날라야 할 인원이 5천여 명이니 수송 작전은 '역사상 최대'라고 할 만했다. 넉 대로 구성된 편대가 하루 24시간 쉬지 않고 나른다면 열흘이 걸리는 규모였으니 한국전쟁에 투입된 미군 헬리콥터를 모두 동원해야 했다. 비용 역시 수백만 달러가 들었다고 한다.

중립국송환위원회 의장인 티마야는 여의도 비행장에 내렸다. 정전위원회 유엔군 수석대표인 데일리 장군의 안내에 따라 비행기를 내린 그 역시 미 해병대 병사들에게 둘러싸여 시동을 걸고 대기하던 헬리콥터로 옮겨 탔다. 이승만과 그의 하수인들이 무슨 일을

첫날, 비무장지대를 가다

인천항에 도착한 인도군 (국가보훈처)

벌일지 알 수 없는 상황이었기 때문이다. 그는 회고록에 헬리콥터
가 하늘로 떠올라 남한 땅에 더 이상 닿지 않게 되자 지상에 있는
사람들이 안도의 한숨을 쉬는 게 느껴졌다고 기술했다.

　　1953년 9월 10일부터 25일까지 양측의 송환 거부자들은 인도
군에 인계됐다. 수용소는 500명 단위로 만들어졌다. 수용소는 숙소
17개와 취사장, 목욕탕, 화장실 각 한 개씩으로 구성됐다. 10×5미
터 크기의 숙소는 15~20센티미터 높이의 침상에다 전등과 석탄난
로를 갖췄다. 취사장은 요리용 기름스토브, 목욕막사에는 석유히터
가 있었다. 수용소는 이중 철조망을 둘렀다. 철조망과 철조망 사이
는 약 3.6미터, 철조망의 높이는 4미터였다.

8~10개의 수용소를 묶어 또 다른 울타리를 쳤다. 이 울타리 역시 수용소 단위 울타리처럼 이중 철조망으로 둘렀다. 9~15미터 높이의 감시탑을 이중 철조망 주변 곳곳에 배치하고 조명등도 설치했다. 이중 철조망은 포로를 불러내 수색하거나, 보초들이 포로를 비접촉 정찰하는 데 맞춤했다.

　대단위 수용소는 모두 일곱 개. 한국 포로용 두 개, 중공군 포로용 세 개, 본국 송환을 원하는 포로용 한 개 그리고 병원용 한 개가 있었다. 대단위 수용소 내 개별 수용소끼리는 철조망 사이로 지켜볼 수 있을뿐더러 큰소리로 소통이 가능한 거리였다. 이러한 배치로 인해 한 수용소에서 무슨 일이 생기면 그 여파는 전체 수용소에 급속하게 전파됐다.

　규율은 포로수용소에서의 첫째 문제다. 송환위원회 소위원회는 인도 육군법을 채택하여 중립국송환위원회법으로 바꿨다. 그 법은 범죄에 대한 최대 처벌 한도를 규정했다. 하지만 훈계, 견책, 중징계, 사역과 훈련 부과 등의 벌칙은 2년 동안 가시철조망에 갇혀 지내 강퍅해진 포로들에게 무의미했다. 인도군은 A구역의 한 수용소에 군기교육장을 두어 규정 위반자를 격리시켰다. 독방 감금은 효과적인 제재수단이 됐다. 살인의 경우 인도군 장교로 구성된 군사법정에 회부돼 유죄로 인정되면 사형을 선고토록 했다.

사건사고가 끊이지 않았다

포로수용소는 사건의 연쇄라 할 만하다. 도라산 수용소에서의 대표적 사건은 포로수용소장 감금. 1953년 9월 24일 중공군 포로 원추가 인도군에게 송환을 요청했다. 이와 함께 다음날 포로 시위가 있을 거라는 정보를 전달했는데 그의 말대로 모든 수용소에서 시위가 발생했다. 그 뒤 원추가 송환되자 포로들은 '인도인 반대'라는 플래카드를 걸고 군가를 부르며 시위를 했다. 이때 H. S. 그레왈 포로수용소 소장이 원추의 송환을 설명하기 위해서 수용소로 갔다가 감금되었다. 사태를 수습하기 위해 간 인도군 지휘관 트로트 역시 포로들에게 붙잡혀 감금되었다. 트로트는 송환된 원추를 돌려주기를 요청하는 진정서를 중립국송환위원회에 제출한다는 조건으로 그레왈 소장과 함께 풀려났다.

인도군과 포로들 관계는 매끄럽지 않았다. 10월 1일 송환위 조사단이 야전병원 설비 조사를 위해 포로병원을 방문했다. 포로들은 조사단 자격으로 온 폴란드, 체코슬로바키아 대표를 공격했다. 인근 수용소의 포로들이 병원 쪽 포로를 도우려 철조망을 넘었다. 인도군은 행동 중지를 명령하고 이에 불응하는 포로들에게 총을 쏴 한 명이 죽고 다섯 명이 다쳤다. 다음날 한 수용소에서 의무장교와 포로들 사이에 충돌이 생겼다. 자해를 시도한 포로를 병원으로 옮기려 하고 의무실 포로들이 이를 가로막고 나선 것이다. 보초들이 끼어들며 사태가 악화돼 다른 막사 포로들이 문을 부수고 달려들었다. 인도군 발포로 두 명이 죽고, 다섯 명이 다쳤다.

비무장지대 수용소에서 두 개의 재판이 열렸다. 하나는 중공군 포로수용소 살인사건. 동료 포로를 죽인 다음 심장과 간을 도려내 집단으로 나눠먹은 다음 시체를 묻었다는 신고가 들어왔다. 인도군은 이틀에 걸쳐 수색했지만 증거물인 시체를 찾지 못했다. 살해 용

옛 도라전망대. 건물과 캐치프레이즈가 모두 대칭이다.

의자 일곱 명이 확인되었고, 15~16명이 증인으로 지목되었다. 재판이 열렸다. 하지만 증인들이 그동안의 송환 거부 의사를 철회하고 모두 송환을 요청해 공산군으로 인계되었다. 공산군 측은 증인의 출석을 거부하여 재판을 진행할 수 없었기에 용의자 일곱 명에 대한 기소가 취하되었다.

또 다른 재판은 북한군 포로수용소 내 살인사건. 한 수용소에서 4구의 시체가 발견되었다. 인도군은 열 명을 용의자로 체포하여 소송을 제기했다. 변호인으로 중공군 포로수용소 살인사건의 변호사와 한국인 민간 변호사 두 명이 선정됐다. 한국 측 변호인은 제네바협정에 따르면 오직 억류 측만이 전쟁 포로를 재판할 권한이

첫날, 비무장지대를 가다

있다며 인도군은 포로들의 임시적 관리자일 뿐 '억류 측'이 아니라고 주장했다. 또 인도군은 한국 정부와 합법적인 협정을 체결하지 않는 한 한국 포로를 심리하기 위한 법정을 '대한민국 영토' 내에 설치할 권리가 없다고 주장했다.(변호인 가운데 한 명이 최덕빈으로 추정됨. 그는 중령 예편 전 대성동에 특별한 관심을 보인 바 있다.) 재판은 출구 없이 늘어져 인도군은 철수하면서 용의자를 유엔군 쪽에 인계했다.

포로에 대한 송환 설득 해설은 10월 15일부터 시작되어 12월 23일 완료되었다. 하지만 실제로 해설이 진행된 시일은 열흘에 불과하였고, 설득 받은 포로는 전체의 15퍼센트인 3,469명이었으며, 설득 후 송환을 요청한 포로는 모두 137명이었다. 12월 31일 이들은 공산군 측에 인계됐다. 설득 기간 연장을 두고 공산 쪽과 유엔 쪽의 합의가 이뤄지지 않자 인도군은 1954년 1월 20~21일 유엔군 쪽으로 2만 1,839명, 공산 쪽으로 347명을 인계했다. 북한 포로 74명, 중공군 포로 12명, 국군 포로 2명 등 88명은 제3국을 선택했다. 중공군 살인 용의자 7명은 타이완으로 이송되었다.

인도군의 철수는 2월 7일부터 시작되어 판문점에서 기차로 서울을 지나 인천으로 운송되었고, 2월 23일에 마지막 잔여 부대가 제3국을 선택한 포로들과 함께 인천항을 떠났다. 유엔에 인계된 송환 거부 포로들은 다른 수용소로 옮겨져 재교육을 받고 풀려났다.

박준식 <경계를 넘다>

김경훈 <DMZ 이북 지역의 생명>

이윤기 <철새는 날아가고 2>

정기현 <실험실-예외점 +4℃>

박준식 <경계를 넘다> 부분

옛 도라전망대에서는 DMZ 관련 전시가 열리기도 한다.
사진은 DMZ문화예술공간통이 기획한 《DMZ 2021 불가항력과 인류세》 전시 장면의 일부

검단산에서 바라본 오두산 통일전망대의 일몰.
강 너머 왼쪽은 남녘이고 오른쪽은 북녘이다.

이틀째

임진강은 흐른다

한강과 임진강의 길목
오두산성

파주시 탄현면 성동리 67-11

오두산 통일전망대는 오두산 정상에 자리 잡아 전망이 참 좋다. 두 강이 합수하여 서해와 만나는지라 수평선이 보일 정도로 시야가 확 틔었다. 남쪽으로 김포평야가 보이고 북쪽으로 눈을 돌리면 강 건너 북한 황해도 땅이다. 날씨가 좋으면 그곳 사람들의 모습도 볼 수 있다. 한강과 임진강의 길목이거니 바다에서 그 강으로 진입하는 배를 감시하기 딱 좋은 장소다.

삼국시대부터 중요했다

예나 지금이나 오두산의 그러함은 변함없어 삼국시대에 군사요충지였고 지금도 그러하다. 그곳에는 등고선을 따라 쌓은 테뫼식 산성이 있었던 것으로 보인다. 현대식 군사시설이 들어서면서 원형을 알 수 없을 정도로 훼손됐다. 고구마 모양으로 길쭉하게 쌓은 것

삼국시대부터 군사 요충지였던 오두산성

으로 보인다. 중간 부분, 즉 전망대 입구에서 일부가 확인됐는데 그 위치로 전체적인 윤곽을 짐작할 따름이다.《동국여지지東國輿地志》(1656년 실학자 유형원이 편찬한 우리나라 최초 사찬 전국 지리지),《대동지지大東地志》(김정호가 편찬한 전국 지리지)의 기록을 보면 성의 둘레가 621미터 정도이다.《대동지지》의 저자는 오두산성을 백제 관미성으로 비정한다.

4세기 말, 그러니까 371~390년 20년 동안 고구려와 백제가

오두산 통일 전망대에서 바라본 한강과 심학산, 교하 신도시.
사진 왼쪽 중간에 한강의 마지막 지류인 공릉천과 송촌대교가 있다.

북한
(황해도)

임진강

남한
(파주)

군사분계선

◎ 오두산통일전망대

서해방향

한강

남한
(김포)

● 파주출판단지
▲ 심학산

'교하'에서 남쪽의 한강과 북동쪽에서 흘러온 임진강이 만나 서해로 흘러간다.
교하는 신라 경덕왕 때부터 사용된 유서 깊은 지명이다.

박 터지게 싸운다. 남진 정책을 펴는 고구려와 전성기를 맞은 백제가 정면 충돌한다. 이들은 예성강과 임진강 유역 사이에서 공방을 벌이는데, 이때 관미성이 전투 지역으로 등장한다. 고구려는 387년 고구려에 종속된 말갈족으로 하여금 관미성을 공격하게 했다. 391년(신묘년)에는 광개토왕이 직접 대군을 이끌고 백제의 수도 위례성을 함락하게 된다. 이때 보병은 개성, 마전, 연천, 의정부를 거쳐 서울 강북 아단성(광장동 워커힐 뒷산)으로 진격하고, 수군은 풍덕, 장단, 김포, 인천을 거쳐 관미성을 무너뜨리고 한강을 거슬러 올라 보병과 합류하여 백제 왕도를 점령한다. 이 전투 이후 파주 일대는 629년 진평왕 때 신라 소유로 넘어가기까지 고구려 영역이 됐다.

관미성은 1979년 12월 12일 신군부 쿠데타 과정에서 다시 등장한다. 덕진산성이 조선시대 인조반정의 무대가 된 것처럼 임진강변의 또 다른 성이 쿠데타에 관련된 것은 희한한 일이다.

　관미성 성주에 해당하는 육군 제9사단장 노태우 소장 휘하의 연대 병력이 쿠데타 주력군으로 동원됐다. 문제는 제9사단이 북한과 강을 사이에 두고 대치하는 국경수비대인 점이다. 당시 동원부배가 예비 연대인 제29연대라고 하지만 엄연히 수비대 소속인 만큼 이들이 자리를 비울 경우 철책 근무에 허점이 생길 수밖에 없는 일이다. 더군다나 초소에 투입되어야 할 다른 연대의 1개 대대를 뽑아 29연대에 배속시켰으니 실제로 그만큼 수비에 구멍이 뚫린 셈이다. 도저히 있을 수 없는 일이다. '성공한 쿠데타' 세력에게 노태우 제9사단장은 일등공신이었으니, 꽃길만 걸어 쿠데타 수괴 전두환에 이어 대통령을 해먹었다.

쿠데타에 관련되다

12.12 쿠데타를 자세히 살필수록 고양이에게 생선을 맡긴 꼴이라는 생각이 든다. 쿠데타를 제지해야 할 부대가 쿠데타군이 되고 수도 방어용 대전차구조물이 전혀 작동하지 않은 점도 특기할 만하다.

쿠데타 지휘소 제30경비단부터 기막힌다. 제33경비단과 함께 청와대 경비를 담당한 대통령 근위부대다. 수도경비사령부 소속이긴 한데 대통령 경호실의 통제를 받는다. 자체 방위력과 비상통신망을 갖췄으니 지휘소로 제격이다. 쿠데타 수괴 전두환이 지휘하는 보안사령부와 길 하나를 사이에 두고 있다.

당일 저녁 6시 30분 '생일집 잔치'에 정치군인들이 초대됐다. 유학성 국방부 군수차관보, 황영시 제1군단장, 차규헌 수도군단장, 노태우 제9사단장(하나회), 박병준 제20사단장(하나회), 백운택 제71훈련단장(하나회), 박희도 제1공수여단장(하나회), 최세창 제3공수여단장(하나회), 장기오 제5공수여단장(하나회), 장세동 수경사 제30경비단장(하나회), 김진영 수경사 제33경비단장(하나회). 열한 명 가운데 세 명만 빼고 모두 육군 내 정치적 사조직인 하나회 회원이다.

비슷한 시각 '비정치군인'들이 격리됐다. 정병주 특전사령관, 김진기 헌병감, 장태완 수경사령관. 이들은 쿠데타가 발생하면 진압에 나설 서울지역 대전복부대 핵심 지휘관들이다. 장소는 전두환 집 근처인 서대문구 연희동 요정이었다. 전두환의 지시에 따라 '진급 잔치' 명목으로 외곽으로 빼돌려졌다.

정치군인들의 목표는 실질적 1인자인 계엄사령관 정승화의 제거였다. 저녁 7시 용산구 한남동 총장공관으로 행동대가 출동했다. 보안사 허삼수, 우경윤 대령과 수사관 일곱 명, 성환옥 대령과 최석립, 이종민 중령 등 헌병장교들이다. 사전에 보안사에 배속시킨 제33헌병대 병력 65명을 미니버스에 태우고 들이닥쳐 부관들과 경비병력을 제압하고 27분 만에 정 총장을 보안사 서빙고분실로 끌고 갔다. 이에 앞서 오후 6시 20분 전두환은 최규하 대통령을 찾아가 정승화 연행 조사에 대한 재가를 요구했다. 밤 9시 30분 전두환은 유학성, 황영시, 차규헌, 백운택, 박희도 등 똥별들을 대동하고 대통령을 괴롭히다가 재가를 얻어내지 못하고 30경비단으로 돌아갔다.

계엄사령관 유고에 따라 전군에 비상이 걸렸다. 쿠데타 세력은 통신 감청을 통해 이를 감지했다. 윤성민 육군참모차장, 장태완 수경사령관은 반란군 쪽에 "정 총장 원상회복, 정치군인집단의 해산" 지시를 내렸다. 이어 장 사령관이 "반란으로 규정하여 진압하겠다"고 통고하고 대응에 나섰다. 이에 쿠데타군 수뇌는 밤 9시부터 병력 동원에 나섰다.

박희도 제1공수여단장은 13일 0시 5분 여단 전 병력 1,300여 명을 이끌고 출동했다. 산업도로를 경유하여 개화 초소, 육곡 왕거미 초소, 수색 검문소를 거치면서 경계근무 중인 제30사단 또는 수경사 헌병 병력과 경찰관 등을 무력으로 제압하고 1시 35분경 용산 국방부와 육본 청사에 도착했다. 1시간 30분에 걸친 '작전' 끝에 3시께 군 통수 핵심부를 장악했다.

자유로에서 바라본 오두산전망대

최세창 제3공수여단장은 13일 새벽 2시 병력 600여 명을 이끌고 정부청사와 청와대가 지척인 경복궁 안 국립중앙박물관 주변에 주둔했다. 장기오 제5공수여단장은 480여 명 병력을 이끌고 3시 25분 용산에 도착했다. 1공수보다 한발 늦은지라 효창운동장으로 비켜났다. 육군 제9사단 이필열 제29연대장은 노태우 사단장의 지시에 따라 새벽 2시경 병력 1,390명을 출동시켜, 삼송리, 구파발 검문소를 거쳐 3시 30분 중앙청에 도착했다.

제2기갑여단장은 2시 30분 제16전차대대 전차 35대에 고폭탄, 대전차포탄을 싣고 통일로, 구파발, 독립문, 사직터널을 거쳐 3시 25분 중앙청에 도착했다. 수도 방위를 맡은 박희모 제30사단장은 제9사단 반군 병력을 구파발에서 저지하지 않았고, 반군 제1공수여단의 행주대교 도하를 제재하지 않았다. 도리어 0시 30분 제90연대 1,130명의 병력을 보내 6시 20분 고려대학교에 주둔시켰다. 이렇게 쿠데타에 동원된 병력은 5천여 명과 전차 35대다.

불행인지 다행인지 쿠데타군과 정부군이 벌인 교전은 총장공관과 육본 외에는 없었다. 수도 방위를 위한 대전차 방벽은 쿠데타군 진입에는 쓸모가 없었다. 쿠데타군은 사실상 적이 아닌가.

오두산성을 지켜보는 장준하 묘소

전망대에서 길 하나를 건너면 지척이 장준하 묘소다. 쿠데타로 집권해 18년 동안 나라를 오로지한 박정희의 대척점에서 반유신 반독재 운동을 펼치다 의문사했다.

박정희가 일왕에 대한 충성을 맹세하는 혈서로써 만주군관학

장준하 공원(파주시 탄현면 성동리 688)

교에 입학한 데 비해 장준하는 위안부로 끌려갈 위기에 놓인 여제 자를 구하기 위해 혼인과 함께 일본군에 자원입대했다. 입대 6개월 만에 부대를 탈출하여 수천 리를 걸어 한국광복군이 되었다. 1945년 미군 전략사무국OSS, Office of Strategic Services 요원으로 선발돼 유격훈련을 받았다. 국내 진입작전에 앞서 일본이 항복하는 바람에 자력에 의한 조국해방이 무산됐다. 김구의 비서 자격으로 귀국하여 정계에 잠시 몸담았으나 1953년 〈사상계〉를 창간하여 활동 무대를 문화계로 옮겼다. 하지만 박정희의 실체를 속속들이 아는 그는 정권과의 충돌을 피할 수 없었다. 박정희의 남로당 전력, 월남 파병, 사카린 밀수 등을 비판하는 그는 박정희에게 골치 아픈 존재였다. 5.16쿠데타를 일으킨 1961년부터 1975년 경기도 포천 약사봉에서 의문사하기까지 14년 동안 장준하는 아홉 차례 구속되었고 연행된 횟수만 스물일곱 차례였다.

2011년 8월 파주시 광탄면 천주교 나사렛공원의 묘소가 수해를 당해 현재의 묘소로 이장하고 공원을 조성했다. 이때 함몰된 두개골의 형상이 드러나 타력에 의한 죽음임이 드러났다.

장준하 추모공원을 지나 그의 묘소에 오르면 오두산성과 그 너머 북한 땅이 보인다. 후손과 파주시 관계자가 의도했을까.

12.12쿠데타 군부의 성지 오두산성. 그 군부의 핵심 전두환과 노태우를 길러 쿠데타의 씨를 심은 박정희. 평생 그에 맞서 반독재 투쟁을 하다 숨진 장준하 그들을 지켜보는 자리로 옮겨와 눈을 부릅뜨고 있는 모양새다. 다가올 남북 평화의 시대를 가장 먼저 보고 싶은 염원과 함께.

장준하 묘소

덧글

2021년 10월 26일 노태우 씨가 사망했다. 신군부 집권 계기가 됐던 박정희 암살 42주년이 되는 날이다. 그의 장례는 5일 국가장으로 치러졌다. 육사 동창생 전두환과 함께 쿠데타를 일으켜 나란히 대통령을 지낸 그를 국가의 이름으로 장례를 해줬다. 하지만 역대 대통령 장례 가운데 가장 초라했다. 그의 빈소는 노태우 정권에 복무한 인사와 표를 염두에 둔 현역 정치인만 북적거렸을 뿐 일반인 조문은 드물었다. 관공서는 지자체별로 조기를 다는 곳과 그렇지 않은 곳으로 나뉘었다.

장지로 파주시 통일동산이 물망에 올랐다. 통일동산은 그가 대통령에 오른 직후 제시한 평화시 건설 구상에 따라 만들어진 안보 관광지다. 오두산을 포함해 민간인통제 지역으로 묶였던 탄현면 성동리 일대에 조성됐다. 9사단장 시절 세력 근거지이자, 자신의 씨족 교하 노씨의 본적지에 해당한다. 임진강이 바라보이는 장소를 유족이 낙점했는데, 국민의 시선은 곱지 않았다.

노태우 씨 사망 28일 뒤 전두환 씨도 죽었다. 그는 북녘 땅이 보이는 곳에 묻히고 싶다고 했다. 희한한 일이다.

검단산에서 바라본 통일전망대의 일몰

임진강 남쪽 235고지
설마리

파주시 적성면 구읍리 112-1

동 트기 전 짙은 어둠. 키가 껑충한 글로스터 대대 군악대장 버스가 참호에서 기어나왔다. 밤새워 전투가 벌어지고 있는 고지 한가운데, 자신의 참호 옆에 차려 자세로 섰다. 그리고 나팔 주둥이를 입술에 댔다. 〈롱 레빌long reveille〉. 하루의 시작을 알리는 기상 신호였다. 〈쿠크하우스cookhouse〉 〈오피서스 드레스 포 디너officers dress for dinner〉 〈파이어 콜fire call〉 〈라스트 포스트last post〉 등 병사들의 귀에 익은 나팔 신호 연주가 이어졌다. 전장 여기저기에서 와 하는 함성이 튀어나왔다. 마지막 연주의 메아리가 잦아들었다. 고요.

어느 순간 중국 병사들의 나팔 신호가 잠잠해져 있었다. 군악대장의 연주가 우연히 전투 소강상태와 일치했는지, 글로스터 부대를 포위한 적들이 이게 무슨 소리인가 하며 귀를 쫑긋 세우고 있었던 것인지는 분명치 않다. 어쨌든 총소리도, 나팔소리도 뚝 끊겼다.

아마 수초 동안이었을 것이다. 어쩌면 수분 동안이었는지도 모른다. 참전 병사들의 기억은 엇갈린다.

성 조지의 날 전야

영국군 글로스터 대대가 중공군을 맞아 치열한 전투를 펼친 1951년 4월 25일 새벽 임진강 남쪽 235고지에서의 일이다. 당시 대대 참모 장교로 전투에 참가했던 안소니 파라 호클리는 회고록 《검의 날the edge of the sword》에서 당시를 상세하게 기술한다. 언론인 앤드류 새먼 역시 영국군의 임진강 전투를 기술한 《마지막 한 발to the last round》에서 이 장면을 '나팔 전투the battle of the bugles'라고 이름 지었다.

이 장면이 강렬한 것은 영국군 대대 병력이 궤멸되던 날이었기 때문이다. 나흘째 전투로 기진맥진한 병사들에게 나팔 연주는 일종의 강심제 주사였을 터이다. 죽임과 죽음이 널브러진 전장의 새벽에 울려 퍼진 음표는 아이러니였다.

정적은 오래가지 않았다. 글로스터 병사들은 일제히 엄폐물 뒤로 몸을 숨겨야 했다. 적의 강력한 화력이 고지로 집중됐기 때문이다. 의무병 조지 뉴하우스는 이렇게 말했다.

"그가 일어나 연주했을 때 우리는 그를 칭찬했다. 하지만 곧 바로 욕설을 퍼부었다. 중공군이 우리에게 모든 화력을 퍼부었기 때문이다."

통상 '설마리 전투'라고 부르는 임진강 전투는 4월 22~25일 3박 4일에 걸친 전투였다. 22일은 영국 제29여단이 캔사스 선의 일부인 임진강 남안, 즉 적성에서 임진강-한탄강 합류점까지의 전선에 투입된 지 22일째가 되는 날, 그러니까 한가함을 즐기던 날이다. 게다가 이날은 영국인이 신성시하는 '성 조지의 날(23일)' 전야. 병사들은 칠면조 만찬과 모자에 달 장미꽃을 준비하고 있었다.

캔사스 선이란, 1951년 1월 초 중공군-인민군 연합군에게 서울을 내줬던 유엔군이 그 달 말 반격을 시작하여 3월 말 38도선을 돌파한 뒤 4월 초 북진을 잠시 멈추고 숨을 고르던 임진강-화천-한계령을 잇는 라인을 말한다. 중공군은 38선 이북 캔사스 선 북쪽으로 물러서기는 하였으나 중공군 제3병단 및 제19병단을 임진강 북안으로 전진 배치하여 개성 북쪽과 구화리 지역, 철원과 평강 지역, 김화와 화천 북쪽에서 각각 대공격 집단을 구성하면서 기회를 노리고 있었다.

당시 영국 29여단은 왼쪽으로 한국군 제1사단, 오른쪽으로 미 제3사단과 인접하여 임진강 남안에 배치됐다. 왼쪽으로 적성 일대에 글로스터 대대가 감악산(675미터)을 등지고 있었고, 중앙에는 퓨질리어 대대가 어유리-장헌리 간 산악지대를 방어하고 있었으며, 오른쪽은 벨기에 대대(4월 4일 여단에 배속)가 임진강 북안의 금굴산-동이리 일대 전진 진지를 방어하고 있었다. 라이플스 대대는 예비부대로 여단 사령부와 함께 동두천 서북방 봉암리 북쪽에 주둔하고 있었다.

중공군의 공세는 보름달이 뜨는 날 밤에 시작된다. 22일 역시 보름달이 떴다. 캔사스 선 전역에 걸쳐 투입된 병력은 30만 5천 명. 한국전 들어 최대 규모의 공격이었다. 5월 1일 노동절 기념일을 서울에서 열겠다는 야심찬 계획 아래 감행됐다. 1942년 스탈린그라드

켈틱십자가 상.
글로스터 대대 칸 중령이 포로가 돼 북한에 억류된 동안
마음을 다지기 위해 만들었다고 한다.
켈틱십자가는 영국 국교회인 성공회에서 사용한다.

사열 중인 영국군 글로스터 부대. 1951 (국가기록원)

점령을 위해 동원된 독일군 규모가 20만 명, 1944년 노르망디 상륙 작전에 참가한 연합군의 수가 15만 6천 명이었음을 감안하면 그 규모를 짐작할 수 있다.

중국군은 그들 기준으로 우측의 한국군 1사단, 좌측의 한국군 6사단의 방어선을 돌파해 미 제 24사단과 25사단을 섬멸하겠다는 전략이었다.

땅거미 질 무렵 좌일선 글로스터 대대가 관할하는 가여울 도섭장을 도하하려는 적이 발견됐고 오른쪽 일선에서는 벨기에 대대 B중대 주진지에 대한 공격이 시작됐다. 21시에 이르러 전방 4개 대대는 모두 적의 공격을 받았다. 그 무렵 여단 예비 부대 라이플스 대

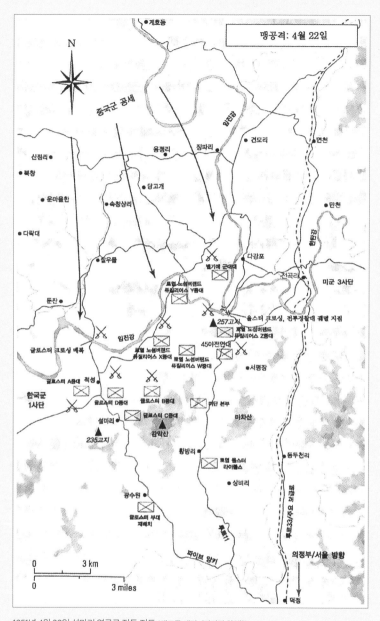

1951년 4월 22일 설마리 영국군 전투 지도 (앤드류 새먼, 《마지막 한 발》)

대는 도리스 데이와 고든 마크래 주연의 〈커피 두 잔〉이란 영화를 관람하고 있었다. 전황이 전해져 전투태세에 들어가면서 영화가 갑작스럽게 중단됐다. 이때 부대 주변 언덕에 숨어 있던 중공군 정찰대 역시 영화를 보고 있었던 것으로 나중에 밝혀졌다.

글로스터 대대의 방어 지역에서 가장 먼저 공격을 받은 곳은 가여울 도섭장에서 3킬로미터 떨어진 148고지(일명 캐슬 고지, 칠중성)의 A중대였다. 9시경 고지의 북단 일각을 뺏겼다. 한 시간 뒤에는 적성 마을에 이르는 길 건너편 D중대(182고지)와 감악산을 뒤로 하고 배치된 B중대(144고지) 진지에서도 백병전이 펼쳐졌다.

영국군 글로스터 대대의 궤멸

23일에 이르러 전투는 더 치열해졌다. 칠중성 일각에 교두보를 확보한 중공군은 후속 부대를 도하시켜 공격함으로써 11시경 A, D중대가 설마리에 위치한 대대본부 서쪽 235고지로, B중대가 그 동쪽 316고지로 후퇴하여 재편성에 들어갔다. 이때 A중대는 70퍼센트 이상의 사상자를 냈으며 장교는 한 명만이 살아남았다.

한편 중앙의 퓨질리어 대대는 왼쪽 끝 B중대가 23일 새벽 후방 152고지로 철수하고 D중대 제1소대가 진지를 잃었다. 임진강 북안의 벨기에 대대는 23일 오후 유일한 철수로인 도감포 교량이 중공군에 의해 점령됨에 따라 고립됐다가 인접한 미 제65연대 전차대의 지원을 받아 전곡-동두천 도로를 통해 철군했다.

24일 316고지의 B중대는 집중 공격을 받아 부상병을 포함해 15명만이 D중대가 교전 중인 235고지로 철수했다. 29여단이 위기

이 기념비는
한국 정부의 지혜스러운
도움으로 건립되었다.
글로스터사 연대 제1대대는
이 기념비가. 또한
그들에 못지않게 자유를 사랑하고
그들과 또 다른 영국 연방군에
종군중 산회한 용맹스러운
한국인을로 하리라.
간절히 비는바이다.

설마리 전적비

에 놓이자 구출 작전이 펼쳐졌다. 아침 7시 30분경 M24 전차를 앞세운 필리핀 대대가, 오후에 영국 제8후사르 전차대대 C중대와 미 제65연대 제3대대 일부로 편성된 구출 부대가 출동했으나 도로가 차단돼 모두 실패했다. 항공기를 동원한 탄약과 식량보급 시도도 실패했다. 투하된 보급품은 대부분 중공군의 수중에 들어가고 부상병을 후송하려던 헬리콥터는 대공 사격을 받거나 착륙 장소를 못 찾아 되돌아왔다. 이날 일몰 직전에 글로스터 부대 잔여 병력은 대대본부가 있는 235고지로 후퇴하여 집결했다. 중앙의 퓨질리어 대대는 라이플스 대대의 엄호를 받아 여단본부 전방 3킬로미터까지 후퇴했다.

25일 08시 영국군 29여단은 미 제1군단으로부터 철수명령을 받았다. 제8후사르 전차대대의 엄호를 받아 퓨질리어 대대, 라이플스 대대, 여단본부, 제45포병대대, 벨기에 대대 순으로 철수가 진행됐다. 29여단장 브로디 준장은 글로스터 대대 칸 중령에게 마지막 무전 메시지를 보냈다.

최선을 다해서 적의 포위망을 돌파하여 여단에 합류하라. 만일 이 것이 불가능하고 저항을 계속해도 소용이 없다고 판단되면 투항하라. 이 양자택일 결정권을 귀관에게 위임한다. 글로스터 용사들의 행운과 성공을 빈다.

이에 따라 대대는 각기 중대장의 지휘로 개별 행동을 취했다. 군목, 의무장교, 수명의 의무병은 현장에 남아 부상병을 돌보다 전원 포로가 됐다. 대대장 칸 중령, A, B, C중대 생존자들은 땅거미가 지자 포위망을 뚫으려다 실패해 포로가 되거나 사살됐다. D중대 39명(중대장 포함)만이 좌인접 한국군 제1사단에게 발견돼 전원 구출됐다.

글로스터 대대가 궤멸된 데는 몇 가지 요소가 복합적으로 작용했다. 첫째, 인접 부대와 제대로 연락이 되지 않았다. 게다가 포위 공격을 받기 쉬운 지형이어서 빠져나가기가 여의치 않았다. 중공군과 대대적인 접전을 벌인 23, 24일 대대장이나 상급 지휘관들이 단호한 조처를 취해야 했지만 그러지 못했다. 무엇보다 대대가 주요 병참선을 보호하는 지역을 방어하고 있었기 때문에 적의 주공과 맞닥뜨릴 수밖에 없었다. 만일 글로스터 대대가 23일 또는 24일 후퇴했더라면 캔사스 선에는 4마일의 구멍이 뚫렸을 것이다. 밴 플리트가 릿지웨이한테 보낸 5월 11일 편지에 그 평가가 들어 있다.

제 판단으로는 그(칸 중령)의 상관이 그곳을 방어하라고 명령을 내린 것은 적절한 결정으로 보입니다. 단호한 항전을 필요로 하는 순간이었습니다. 622명의 장교와 병사들이 자신을 희생하면서 그보다 몇 배에 이르는 수의 UN군을 구한 것입니다.

영국군 제29여단이 나흘 동안 버티며 중공군 부대의 남진을 저지하면서 나머지 유엔군은 비교적 온전하게 철수하여 전열을 재정비할 수 있었다. 결과적으로 그렇다는 얘기다. 정상적이라면 유엔군의 전선은 이웃 부대와 협력을 유지하면서 동시에 후퇴하는 게 옳다. 어느 한 부대를 희생양으로 삼아서는 안 된다.

이틀째, 임진강은 흐른다

나흘간의 임진강 전투로 영국군 제29여단은 심각한 타격을 받았다. 전사자 141명을 포함해 1,091명의 사상자를 냈다. 전사자는 글로스터 56명, 라이플스 36명, 퓨질리어스 30명, 포병대 10명, 공병대 6명, 후사르스 부대 2명, 의무대 1명 등이다. 장비 손실 역시 심각했다. 글로스터 대대의 모든 차량과 장비가 없어졌다. 다른 대대들 역시 트럭과 지프차, 장갑차를 잃었다. 후사르스 부대는 센추리온 탱크 6대와 크롬웰 전차 한 대를 잃었다.

하여튼 글로스터 부대가 궤멸하면서 중공군의 진격을 늦춘 데 성공한 것은 부대원의 자긍심과 전우애가 한몫을 했다. 글로스터 부대는 영국군 가운데 베레모에 두 개의 휘장을 붙인 유일한 부대다. 모두 스핑크스를 테마로 하는데 정면 것은 부대명이 표기되고 좌측면의 것은 부대명이 생략됐다. 150년 전 이집트 원정 때의 공로를 기려 허용된 의장이다. 1801년 3월 21일 나폴레옹의 프랑스 1공화국 군대와 영국군 보병부대 간에 벌어진 '알렉산드리아 전투'가 배경. 당시 프랑스군은 지중해 무역 이익을 독점하기 위해 오토만 제국의 영토인 이집트-시리아 점령 작전을 펼치고 있었다. 그 여파가 영국령 인도까지 미칠 것을 우려한 영국이 군대를 보내 알렉산드리아에서 건곤일척 전투를 벌인 것이다.

글로스터 제28보병연대는 1만 4천 명으로 편성된 영국군의 우익 주력부대였던 바, 프랑스 군을 격퇴하는데 지대한 공을 세웠다. 특히 프랑스의 2차 공격 때 인접한 42보병연대가 큰 타격을 받으면서 전면과 측면에서 프랑스 보병, 후방에서 프랑스 기병의 협공을 당하게 된다. 이때 '후방을 사수하면서 전방에 대처하라'는 무모한 명령이 내려졌다. 병사들은 서로 등을 맞댄 채 죽기살기로 싸움으로써 방어선을 지켜냈다. 이러한 부대의 전통 외에 영국군의 특성은 부대원의 구성에도 있다. 부대 명칭에서 알 수 있듯이 영국군 부대는 지역을 기반으로 한다. 부대는 특정 지역에서 창설되어 그 지역의 청년들을 부대원으로 삼는다. 같은 동네 또는 한 다리 건너면 아는 사이. 심지어 아버지와 아들, 형과 동생이 함께 또는 잇달아 복무하는 사례도 있다.

설마리 추모공원 가는 길

파주시 적성면 구읍리 영국군 설마리 전투 추모공원을 가는 길은 두 가지다. 파주역에서 30번 버스를 타고 적성전통시장에 내린 뒤 25-1번 버스로 갈아타면 대략 한 시간 20분 정도 걸린다. 전철 1호선 덕정역에서 25-1번 버스를 타고 한 번에 이르는 또 다른 방법은 40분 정도 걸린다. 첫 번째 길은 파주시를 서에서 동으로 새로 난 직선 코스로 산맥을 뚫은 몇 개의 터널을 지나고, 두 번째 방법은 협곡 사이로 구불구불 흐르는 물길을 따르는 길이거니 오래된 옛 길임을 짐작할 수 있다.

나는 두 차례 공원을 다녀오며 두 가지 길을 모두 이용했는데, 첫째 길은 인공적이어서 특별한 감흥이 없었던 데 반해 둘째 길은 산 그림자 속을 지나고 여울물 소리가 갑자기 다가오고 멀어지면서 으스스한 느낌을 지울 수 없었다.

이틀째, 임진강은 흐른다

신앙의 자유를 찾아 숨어든 마을
갈곡리

파주시 법원읍 화합로 466번길 25

파주역을 경유하는 600번 버스는 동쪽으로 30여 분을 내달으면 더이상 나아가지 않는다. 스무 명이 모여야 넘는다는 스므내미 고개 바로 아랫마을, 갈곡리 종점이다. 차에서 내려 2분쯤 걸으면 오른쪽 길어깨에 '천주교 의정부교구 갈곡리성당'이라 새긴 화강암 표지석이 서 있다. 한길은 됨직하다. T자로 난 골목길 끝 갈곡천 다리를 건너면 표지석이 지칭하는 건물이 지척이다. 표지석이 흰빛을 띤 반면 성당 외벽 화강암은 은은한 갈색이다. 돌 속에 누천년 갇혔던 철분이 풍설을 만나 녹아내린 세월의 자취다.

'마을 앞 표지석이 너무 크지 않았나?'

성당은 전면 한가운데 뾰족한 종탑을 두고 뒤쪽으로 예배 공간이 이어진 약식 고딕 건물이다. 맞배지붕의 두 손 모아 기도하는 형상은 종탑 전면 좌우로 낸 두 개, 예배실 측면으로 낸 네 개의 창문

갈곡리 성당마을 전경

틀에서 반복된다. 뜬금없어 뵈는 쇠출입문을 열치면 왼쪽으로 종탑
을 오르는 계단을 거느린 전실, 그리고 곧바로 미사 공간이다. 스테
인드글라스를 통해 들어온 빛이 은총처럼 가득하다. 보통 좌우 두
줄 작은 기둥을 경계로 신랑(身廊)과 두 측랑이 나뉘기 마련인데 여
기는 작은 기둥 없이 툭 틔어 있다. 신자석에 앉아 '성모무염시태'
은사를 묵상하자니 1950년대 돌벽돌을 하나하나 쌓았을 이곳 신자
들의 기도 소리가 환청처럼 들린다.

　　버스 종점이거니와 버스가 다니기 전에는 궁벽한 산골이었을
이곳에 고색의 돌벽돌 성당이라니. 사연이 있을 법하다.

　　　　　　　　　　　　　이틀째, 임진강은 흐른다

갈곡리성당

1955년 1월 9일 미 해병대 군종신부 마 에드워드 신부의 협조로
이룩된 이 성당에 대하여 감사하는 마음으로 이 비를 세운다.

1978. 3. 갈곡리 교우 일동.

성당 입구 발치에 세운 오석 표지석이 내보이는 정보는 감질나게
짧다. 성당 마당가 안내판이 궁금증을 풀어준다. 칠울(갈곡리) 출신
성직자와 수도자들 면면이다.

고 김치호 베네딕도 신부 평양 인민교화소 순교(1914~1950),
고 김정숙 마리안나 수녀 황해도 매화동 성당 순교(1903~1950). 두
분의 흑백사진은 월계관으로 장식돼 있다.

최창무 안드레아 대주교(광주대교구 원로사목자), 김남수 루가 신
부(부산교구 원로사목자), 김충수 보니파시오 신부(서울대교구 원로사목
자), 최준웅 바르나바 신부(서울대교구 원로사목자), 고 최영식 마티아
신부(서울대교구), 김영옥 요셉 신부(인천교구), 최영선 알렉산델 수사
(꼰벤뚜알수도회), 강명호 마르코 신부(의정부 교구), 고 최무임 성삼의
마리이사벨 수녀(가르멜수녀원), 고 최미카엘라 수녀(2018년 3월 17일
선종), 고 김안나 수녀(한국순교복자수녀회), 고 김루시아 수녀(한국순
교복자수녀회), 김영희 에스텔 수녀(성가소비녀회), 김충연 마리폴 수
녀(성가소비녀회), 최영락 라파엘라 수녀(제주 성글라라수녀원), 전혜경
아녜스 수녀(예수성심전교수녀회), 김스텔라 수녀(샬트르 성바오로수녀
원). 사진과 이름과 직분을 찬찬히 보자니 시간이 솔찮게 든다. 모두

김치호 신부 첫 미사 후

김치호 베네딕도 신부, 김정숙 마리안나 수녀,
첫 미사를 마친 후 (최은순 제공)

칠울(갈곡)강당 낙성식기념. 1954년 4월 22일
(최은순 제공)

19명이다.

마을 표지석이 큰 이유를 비로소 알겠다. 이곳 신자들 자부심의
크기와 비례하는 게 틀림없다! 칡이 우거진 작은 골짜기(갈곡리, 즉
칠울)에서 이토록 많은 성직자와 수도자를 냈으니 그럴 만도 하다.

고 김치호 신부, 고 김정숙 수녀는 남매지간으로 한국전쟁 중
에 순교했다. 김정숙, 김치호 남매는 칠울 공소 김씨 집안 7남매 중
둘째와 넷째. 김 수녀는 1921년 샬트르 성바오로회에 입회한 뒤
1926년부터 황해도 매화동성당 봉삼유치원에서 순교하기 전까지
아이들을 가르쳤다. 해방되어 그곳에 들어선 공산당 정권에 의해
유치원에서 쫓겨나 강제 노역을 했다.

김 신부는 1926년 서울 백동(혜화동)에서 성베네딕도회 수도원
에 입회한 뒤 1927년 이전하는 수도원을 따라 함경도 덕원으로 옮

겨갔으며 1942년 사제서품을 받아 한국인 최초의 성직 수도자가 됐다. 1949년 집권 공산당에게 체포돼 평양 인민 교화소에 갇혔다. 남매는 1950년 10월 퇴각하는 공산당에 의해 무참하게 살해됐다. 2018년 천주교는 두 남매의 순교를 기려 칠울 공소를 갈곡리성당으로 승격시키고 순교 사적지로 지정했다.

시작은 미약했다. 1898년 서울 약현성당 소속 칠울 공소. 신자 수 65명에 공소회장 김근배. 당시 약현성당 사목담당 두세(두세, 카미유 유진) 신부의 통계표에 처음 등장한다. 1890년쯤 강원도 홍천, 원주, 풍수원 등에서 천주교인들이 박해를 피해 이곳 산속으로 숨어들었다. 처음에는 남동쪽으로 6킬로미터 떨어진 우골(현 우고리)에 정착했다. 1896년 김근배 바오로, 김연배 방지거, 박민보 베드로 가족이 이곳으로 옮겨와 신앙 공동체를 형성하여 질그릇을 만들며

건립초기의 성당(왼쪽). 1972년 견진성사를 위해 김수환 추기경이 방문했을 때. (최은순 제공)

이틀째, 임진강은 흐른다

생계를 이었다. 질그릇용 흙이 나오는 곳이 가까워 옮겨왔다고 한다. 공소가 만들어진 뒤 오랫동안 공소회장 댁에서 집회를 하다가 1934년에 마을 표지석과 가까운 개울가에 강당을 지었다. 당시 축성식에 면장이 와서 축사를 했다니 근방에서는 제법 화제가 되었던가 보다. 첫 건물은 1951년 전쟁 중에 소실되고, 1954년 가마 근처로 자리를 옮겨 새로 지었다. 현재 성당 건물은 1955년 미 해병대 군종신부 에드워드 마르티노Edward Martineau 신부의 협조로 지었다. 신축 성당에서는 미사를 드리고, 기존 강당 건물에서는 각종 부속모임을 열고 있다. 2018년 순교 사적지로 지정된 이후 주일미사 외에 월요일을 뺀 나머지 요일에도 11시에 평일미사를 드린다.

성당 건물을 구호품으로 받다

미 해병대 군종신부가 왜? 그리고 어떤 식으로 협조했을까? 주추를 놓은 날이 1955년 1월 19일이니 한국전쟁의 전투가 공식적으로 끝난 지 1년 6개월이 지난 시점이다. 당시 미해병 1사단은 임진강사미천-판문점-김포 60킬로미터 구간의 휴전선 경비를 담당했다. 1952년 3월 중순 수도 서울 방위에 역점을 둔 미8군의 전선 재배치 계획에 따라 강원도 산악지대에서 서울 북부지역으로 옮겨온 것이다. 낙동강 전투, 인천상륙작전, 장진호 전투 등 고비마다 소방수로 투입돼 온 전력을 고려했다. 부대는 파주군 적성면 장현리에 본부를 두고 한국 해병 1개 연대를 배속하고 있었다. 갈곡리 공소와는 22킬로미터 거리다.

　당시 이 부대 군종신부인 에드워드 마티노 신부와 김창석 타

성가대의 기부 모금 행사 (최은순 제공)

대오 신부는 부대 주변 성당을 정기적으로 방문해 신자들의 영성지
도를 했다. 갈곡리 공소도 그 가운데 하나였다. 전쟁 직후이니 이곳
신자들의 입성과 먹거리가 오죽했을까. 하지만 스스로 강당을 짓고
신앙생활을 이어가는 마을 공동체가 얼마나 느꺼웠을까. 이들은 구
호물자 전달 창구를 겸했다.

  두 신부는 주민들에게 일시적인 구호품이 아닌 성당 건물을 선
물하기로 했다. 그것도 흙이 아닌 돌로 말이다. 마르티노 신부는 미
군 천주교 장병들한테서 기부금을 걷어 땅값과 건축 비용을 마련했
다. 50~60명 마을청년들은 성가대를 조직해 미군 부대, 터키 부대
를 돌았다. 미사 때 성가를 불러 장병들 주머니를 열었다. '노래로

지은 공소 성당'이라는 말이 나온 것은 그래서다. 1955년 1월 19일 주춧돌을 놓았다. 군 트럭이 돌과 목재를 실어오고 동네사람들이 벽을 쌓고 지붕을 이었다. 한국 해병도 많이 도왔다. 그 인연으로 한국군 하사관 두 명은 칠울 공소 처녀와 결혼했다. 1957년 낙성식을 하고 정식으로 문을 열었다. 의정부 성당 건물과 쌍둥이다.

성당 뒤쪽 작은 한옥에 사는 동화작가 최은순 씨(1960년생)는 부모님한테 하도 많이 들어 마치 자신이 직접 본 것처럼 성당 건축 현장이 각인돼 있다고 말했다. 건물은 단열이 안 되고 난로를 피우지 않아 겨울에는 무척 추웠다. 마룻바닥에서 찬바람이 올라와서 아이들은 오들오들 떨면서 공소예절을 바쳤다. 사순기도를 하지 않으면 밥을 주지 않아서 어쩔 수 없었다고 했다. 내벽은 하얗게 회칠했는데, 세월이 지나며 떨어지고 갈라져 수리를 하면서 벽 색깔이 얼룩덜룩해졌다. 순교지 지정 뒤 회벽을 털어내고 단열공사를 하여 요즘은 겨울에도 춥지 않다. 리모델링을 하면서 천장의 보를 보강하고 신랑 좌우측의 쇠기둥을 들어내 시야를 텄다. 나무로 된 출입문을 철문으로 바꾸어 옛 모습을 잃은 점은 옥에 티다.

성당이 앉은 자리는 본래 마을 한가운데 밭이었다. 마 신부가 터를 골라 사주었다고 했다. 보통 성당은 마을을 비켜나 한갓진 언덕에 짓기 마련인데, 갈곡리성당이 마을 가운데 자리 잡은 데는 미군 신부의 안목이 큰 몫을 한 셈이다. 이로써 마을의 신앙 공동체적인 성격과 표리일체를 이뤘다.

마 신부는 미국에 돌아간 뒤에 마을과 인연을 이어갔다. 신도들에게 땅을 사라며 미군을 통해 구호물자를 트럭으로 보내왔다.

마을사람들은 쓸 만한 옷가지를 골라 장에 내다팔아 돈으로 바꿨다. 차곡차곡 모은 돈은 성당 일대 땅 1만여 평으로 바뀌었다. 그 터에 집을 지은 이들은 봄여름으로 보리와 쌀 한 말씩을 텃세로 내고, 공동 경작하는 밭에서 나온 수확물은 후원자들한테 보내고 나머지는 팔아 기금에 보탰다고 했다. 논은 도지를 주어 세를 받았고. 신앙 공동체는 마을 공동재산이 있었기에 더 든든하지 않았을까. 마신부는 마을 출신 학생에게 장학금을 주어 학업을 돕기도 했다. 지금은 돌아가셨다고 했다. 마을사람들은 마 신부를 마을의 은인으로 기억한다.

질그릇 만들던 마을

최은순 씨는 1960년대 중반까지 마을에서 질그릇을 만들었다고 기억한다. 플라스틱 그릇이 널리 사용되면서 질그릇은 사양길에 들었다. 그의 아버지도 늘그막에 질그릇 만들기를 그만두고 구들장 채석장에서 일감을 얻거나 상여가 나갈 때 선소리꾼 노릇을 했다. 그러니까 그 전까지는 딱히 농토가 없던 마을사람들에게 흙으로 빚고 나무를 태워 굳힌 질그릇은 맞춤한 생계 수단이었다.

칠울 질그릇은 옹기와 달리 유약을 칠하지 않는다. 시쳇말로 친환경적이었다. 마을사람들은 물레를 돌려 방구리, 물동이, 자배기, 질밥통, 반찬통 등을 만들어 그늘에 말렸다. 한철 열심히 빚어 물량이 어느 정도 차면 마을 공동 오름가마에서 구워내 장에다 내어 팔았다. 지겟짐을 지고 다 팔기까지 5일장을 돌았다. 질그릇은 어느 정도 사용하면 깨지는 게 다반사라, 많이는 아니어도 꾸준하

질그릇을 만들던 모습과
그 당시 만든 질그릇 (최은순 제공)

게 팔렸다. 그럭저럭 먹고사는 데 지장이 없었다. 그 놈의 플라스틱
이 나오기 전까지는.

최씨는 성형한 질그릇이 꾸덕꾸덕해질 즈음 조개껍데기 바깥
쪽을 대고 문질러 표면을 매끄럽게 하고 문양을 만들던 아버지의
모습을 떠올렸다. 그는 인터뷰를 끊고 나가더니 유일하게 남은 거
라며 질밥통 하나를 들고 왔다. 밥을 퍼담아 며칠을 두어도 갓 지은
것 같았다고 했다. 지금은 유품으로 간직하고 있는데 요즘 탈탄소,
친환경, 복고 분위기에 되살려봄직하다. 일찍이 마을을 떠나 타향살
이를 하던 그는 옛 시절이 그리워 몇 해 전 다시 돌아왔다. 어릴 적
마을과 아버지 추억을 되살려《방구리》《아버지의 눈》이란 장편동
화를 썼다.

신앙 공동체는 갈곡리 1-4반 중 4반에 한한다. 공동체가 줄어든 게 아니라, 4반을 모체로 갈곡리가 형성된 것이다. 편지를 보내올 때 주소를 '갈곡리 4반(성당마을)'이라 쓴단다. 원조 마을에 많을 때는 80가구 250명의 주민이 살았다. 현재는 22가구가 전부다. 그 중 5가구는 비신자다. 젊은이들은 대개 마을을 떠나 주민의 평균 연령이 높다. 자급자족이나 식구끼리 나눠먹을 정도로 농사를 지을 뿐 전업농은 없다. 직장을 가진 축은 멀리는 서울까지 출퇴근한다.

그런데 공동체란 어떤 형태를 이름인가. 공동 생산? 필요에 따른 분배? 처음부터 먹고사는 문제는 제가 벌어 제가 먹기였다고 동화작가는 말했다. 별미 음식을 하면 나눠먹는 거야 여느 마을과 비슷했지만. 다만 신앙의 자유를 찾아 숨어든 만큼 주일마다 전 주민이 모여 공소예절을 바침은 물론 집집마다 아침저녁 기도를 드렸다. 때마침 마을 안길을 지나면 담 밖으로 기도 소리가 흘러나왔다고 한다. 공소인만큼 평소에는 공소회장이 모임을 주관하고 한 달에 한 번 정도 본당에서 나온 신부가 미사를 집전했다. 주내 7시, 갈곡리 9시, 법원리 11시 식으로 공소별로 시간을 달리 하는 배달식 미사다. 주민들은 4대 축일에는 서울 명동성당까지 걸어가 미사를 드리는 일을 즐거움으로 알았다.

아이가 태어나면 공소회장이 3일 만에 세례를 주고 5월과 11월 두 차례 신부가 와서 보례를 했다. 세례를 추인하는 보례는 큰 행사여서 받는 집에서 좁쌀, 멥쌀, 수수쌀 등 형편에 맞는 재료로 떡을 했다. 봄에는 춘궁기여서 떡을 안했다. 아이들은 말귀가 틔기 전에 "사람은 무엇을 위해 세상에 태어났나뇨"로 시작하는 교리문답을 외웠다. 일 년에 한 번 가을판공 때 찰고를 하는데 몇 가지 문답을 외워야 한다. 젊은이들은 고역으로 알았으나 노인들은 의무와 명예로 여겼다. 한번은 젊은 선교사가 백발의 노인한테 질문을 하지 않았다. 그 노인은 일어나 "나를 무시하다니, 나는 교우가 아니란 말이오?"라고 항의했단다. 질문을 얻어낸 노인은 그 답을 엄숙하게 외웠음은 물론이다.

작은 마을에서 무려 19명의 성직자, 수도자가 배출된 사정은 이러하다. 아이들에게 신부님은 큰 바위 얼굴이었다. 어른들이 아이한테 주는 최대의 축복은 "너는 커서 신부님이 되어라"였다고 한다. 지금도 새벽 6시, 낮 12시, 저녁 6시. 하루 세 차례 어김없이 성당의 종이 울린다. 종지기는 30년 넘게 종을 쳐온 김재석 로렌조다. 이곳 여느 어린이처럼 사제의 꿈을 꾸었던 그다. 소신학교 졸업을 얼마 앞두고 뇌출혈로 장애를 얻어 집으로 돌아왔다. 그는 기도할 수 있어서 좋다며 하루 세 번 종탑을 오른다.

2002년 애향회가 만들어졌다. 마을을 떠난 이들은 해마다 5월 마지막 주일에 마을로 돌아와 잔치를 한다. 마당에 돗자리를 펴놓고 또래또래 모여 국수, 전, 막걸리 등 음식을 나누며 한 해 동안 쌓인 이야기를 한다. 노래방 기계를 틀어놓고 노래도 한다. 보통 40~50명 정도 모인다. 지금까지 어른들만 모였지만 앞으로는 2세들도 함께 데려와 친교를 대물림할 예정이다.

갈곡리성당 앞 조형물

임진강에서
고기를 잡다

———

강물은 흘러 물길을 잇고, 흙길을 끊는다. 물길로 사람과 물건을 실은 배가 다니고, 흙길이 끊긴 나루에 배가 머문다. 현재 임진강은 물길이 끊기고, 굳이 이을 흙길도 없다. 싣고 나를 게 없기 때문이다. 하여, 임진강은 어쩌다 건너는 장애일 뿐이다. 현무암 절리가 장벽을 친 가운데 저만치 홀로 흐른다.

물 반, 고기 반

강은 그저 흐른다. 강물은 흘러 생명을 품는다. 물고기가 헤엄치고 물오리가 난다. 철조망을 두른 파주 임진강은 인간에서 저만치 물러나 물 반, 고기 반이다. 거기에 임진강 어부가 산다. 물오리나 가마우지가 사는 법과 다르지 않다.

2021년 3월 하순. 파주시 파평면 장파리 나루. 크레인을 실은

어선 두 척이 임진강을 달리고 있다. 덕진산성에서 바라본 풍경.

바지선 한 척, 소형 FRP 어선(유리 섬유를 보강한 플라스틱으로 만든 배. 가볍고 내구성이 강하여 목조선 대신 소형선의 주류를 이루고 있다) 몇 척이 보인다. 바지선은 리비교(북진교) 재건을 위한 교각 공사 설비와 자재를 싣고 있었다. 다리는 1953년 7월 준공돼 67년 동안 군용으로 쓰이다가 2019년 철거됐다.

파평 1-12호 어선. 중년의 사내가 배 위에서 잡어를 손질하고 있었다. 어부 박우군. SNS에서 '어부 박가'로 유명한 유튜버. 봄에서 가을까지 정치망(定置網, 한곳에 쳐놓고 고기 떼가 지나가다가 걸리도록 한 그물)을 쳐놓고 하루 100킬로그램 정도의 고기를 건져 올린다. 요즘 잡히는 고기는 잡어여서 다듬은 다음 어죽용으로 쓴단다. 가장 돈이 되는 고기는 황복으로, 4월 말부터 6월 초까지 한 달 반 동안 잡히는 황복은 몇 천만 원 벌이가 된다고 했다. 전에는 적성면 어유지리까지 올라가 산란했는데 군남댐이 지어진 이후 비룡대교가 상한선이라고 했다. 다음은 장어인데, 임진강 자연산 장어는 극히 드물어 먹고 싶다면 믿을 수 있는 식당에 예약을 해야 한다고 말했다. 30분 남짓 풀어놓은 임진강 어부 이야기는 무척 흥미로웠다.

임진강은 6개 구역으로 나뉘어 어로 활동을 한다. 파주시에 접한 임진강은 대부분 민통선 안쪽인 까닭에 군에서는 지역을 나누어 '선단'이란 이름으로 관리를 하고 있다. 상류에서 하류로 일련번호를 매겨 5선단까지 두었다. 박씨가 속한 선단은 '1선단'으로 적성, 파평을 포함한다. 적성은 어유지리, 율포리, 장좌리, 주월리, 두지리 등 5곳에 15척, 파평은 장파리 상류, 하류 등 두 곳에 13척의 어선이

어부 박우군. SNS에서 '어부 박가'로 유명하다.

운용된다. 임진 2선단은 전진교에서 초평도 상류까지 11척, 장산 선
단은 초평도 하류에서 통일대교까지 15척, 사목 4선단은 통일대교
에서 사목리 문산천 분기점까지 11척, 내포 5선단은 문산천 분기점
에서 내포리까지 16척의 어선이 고기잡이를 한다.

　　1선단 적성 지역을 빼고는 파평 장파리 이하 지역은 모두 민통
선 안이어서 군의 통제를 받는다. 어선의 엔진출력도 15마력, 또는
30마력으로 제한을 두고 있으며 북한 땅과 인접한 5선단은 아예 엔
진을 달 수 없다. 어부들은 출어를 하려면 반드시 군 당국에 신고를
해야 하고 규정된 시간 안에 어로를 끝내야 한다. 혼자서 고기잡이
를 할 수 없으며 2인 1조로 움직여야 한다. 휴대폰을 반드시 휴대하
고 군 당국의 호출에 응해야 한다. 휴대폰이 나오기 전에는 무전기

　　　　　　　　　　　　　　　　이틀째, 임진강은 흐른다

를 지급했다고 한다. 이러한 통제는 모두 월북을 방지하기 위한 조처다.

고기를 잡으려면 제비를 뽑아야

임진강은 조석의 영향을 받는다. 장파리 하류까지 해수의 영향을 받는다. 따라서 1선단을 제외하고는 물때를 확인한 뒤 어로 활동을 한다. 물때는 1~15물로 세분하고 조금과 사리로 크게 구분하기도 한다. 조금은 물이 적게 들어오는 시기로 14~3물을 가리키고, 사리는 물이 많이 들어오는 시기로 9~13물을 가리킨다. 정치망 어업을 하는 어민은 3~10물 사이에 어로를 하고, 물이 많은 10~13물에는 장망(히라시그물)과 자망(초크그물)으로 어로를 한다.

임진강 어부는 주로 정치망을 쓴다. 박씨 역시 그렇다. 정치망은 일정한 장소에 장기간 고정해 놓은 어구이다. 정치망은 크게 길그물과 통그물로 구성된다. 길그물은 어군의 통로를 차단하여 통그물로 유도하기 위한 띠 모양의 그물을 말하고, 통그물은 어군이 들어와 머무는 타원형 우리인 헛통과 고기를 최종적으로 가두는 자루그물, 그 사이에 물고기가 빠져나오지 못하게 막는 비탈그물로 돼 있다. 자루그물의 개수에 따라 평면이 삼각, 사각, 오각형으로 보이므로 삼각망, 사각망, 오각망이라 한다. 임진강에서는 대개 삼각망이다.

정치망은 봄부터 초겨울까지 운용하는데, 어느 곳에 설치하느냐에 따라 어획량이 달라진다. 물 흐름이 비교적 느린 물가, 바닥에는 가는 모래나 자갈이 있는 곳이 좋다.

리비교 근처에 정박한 파평 선단 어선

어부들은 연초에 제비뽑기로 고기잡이를 할 각자의 설치 구역을 정한다. 2선단의 경우 어민이 모두 모이는 2월 풍어제 때 제비를 뽑는다. 어부들의 오랜 경험상 임진나루 하류-초평도 위쪽 강 남북 물가 쪽이 최적의 어로구역이다. 그곳을 4개 구간으로 나누어 각각 8개로 세분하여 표지판을 설치한다. 표지판 번호를 적은 쪽지를 모자에 넣고 흔든 다음 바닥에 던져 줍도록 한다. 이 과정을 네 차례 반복하면 어부별로 네 군데 어로 구역이 할당된다. 구역이 할당되면 어부들은 각자의 구역에 1년 동안 삼각망을 쳐두고 물고기를 잡는다. 자리에 따라 고기가 잘 잡히고 덜 잡히긴 하지만 자신의 복이라고 여긴다. 해마다 제비뽑기로 구역을 재선정하는 것은 잡음 없이 공평을 기하기 위한 노력이다. 성격이 급한 어부는 구역이 선정된 날 바로 그물을 친다.

정치망을 친 다음 어부들은 정기적으로 그물을 확인하고 물고기를 수확한다. 많이 잡히는 때는 매일 나가고, 대개는 2~3일 간격으로 나간다. 너무 잦으면 기름값이 아깝고, 너무 뜸하면 갇힌 물고기가 죽어버린다. 어부 박씨는 지인 또는 아내와 함께 1~2일 간격으로 출어한다. 많이 잡힐 때는 배 밑 어창이 그득하다.

자망어업은 물고기가 그물코에 꽂히게 하는 방식으로 걸그물, 또는 초크그물 어업이라고도 한다. 그물코의 크기에 따라 잡히는 고기의 크기가 달라지므로 한 개의 그물로 잡는 고기가 제한된다. 자망은 물 색깔에 따라 갈색, 회색, 흰색을 가려 쓴다. 임진강에서는 갈색 그물이 많이 쓰인다. 평소 자망은 쓰이지 않는다. 삼각망으로도 모든 어종의 고기를 잡을 수 있기 때문이다. 하지만 숭어가 올라오는 4월과 황복이 올라오는 5월에는 자망어업을 한다. 이 어종은 보통 횟감으로 쓰이기에 신선도를 유지하고 외부 상처가 생기지 않도록 해야 하기에 그렇다.

자망 설치는 쉽다. 그물이 시작되는 곳에 돌을 묶은 다음 물속에 던진다. 그리고 그물을 반대편으로 끌고 가면서 평평하게 펴주고 중간에 부표를 달아 건질 수 있도록 해준다. 반대편 끝에도 돌을 달아 던져둔다. 이른 새벽에 설치하고 오후 늦게 거두거나, 오후 늦게 설치하여 다음날 아침에 거둔다.

임진강 통발어업은 신고제로 9월 참게 철에 행해진다. 500개까지 설치할 수 있다. 통발 설치는 자망과 비슷하다. 100미터 로프에 1미터 간격으로 100여 개의 통발을 매단다. 한번 설치하면 참게 철 동안 철거하지 않고 통발에서 참게만 거둬들인다. 임진강 참게는 야행성이므로 낮에 통발을 놓고 며칠이 지난 뒤에 그물을 거둔다. 미끼는 썩은 생선을 쓴다. 참게는 무리지어 다니기 때문에 많을 때는 수십 킬로그램, 그렇지 않은 때는 몇 마리만 잡힌다고 한다.

장망어업은 제2선단 이남에서 볼 수 있다. 어민들은 장망을 히라시그물이라고 부르는데, 히라시란 실뱀장어, 즉 뱀장어 새끼를 일컫는다. 바다에서 부화한 실뱀장어는 해류를 따라 북상하여 자신들의 어미가 떠난 임진강을 거슬러 올라간다. 이때 어민들은 장망을 설치하여 실뱀장어를 잡는다. 뱀장어는 인공 부화가 안 돼 자연에서 부화한 실뱀장어를 종묘로 삼기에 고가로 거래된다. 매년 4~5월 장망어업은 어부들의 짭짤한 수입원이다.

장망은 긴 자루형 그물이 아가리를 벌리고 있는 모양인데, 물고기들이 급물살에 의해 자연스럽게 어망으로 들어오게 하는 방식이다. 물살이 센 2선단 하류 쪽에서 삼각망 대신 쓰인다. 여러 어종이 잡히지만 아무래도 주어종은 실뱀장어다. 실뱀장어를 잡으려면 파주시로부터 종묘채포(種苗採捕) 허가를 받아야 한다.

실뱀장어 값은 변동이 심한 편이다. 본격적으로 잡히는 4월 말, 5월 초가 가장 비싸다고 한다. 양식장에서 구입하는 가격은 마리당 1,500원이다. 크기가 작고 약해 하나하나 세는 대신 킬로그램 단위로 계산한다. 1킬로그램을 5천 마리로 치는데, 냉면그릇을 채울 정도의 양이다.

91개로 제한된 어업권

임진강 어업권은 파주시에서 발행한다. 91개가 발행돼 변화 없이 고정돼 있다. 5년 단위로 갱신 절차를 거치는데, 매매와 상속이 가능하다. 통상 어업권은 어선 한 척, 모터 한 대, 어로 활동 출입증이 한 세트이다. 매맷값은 1억 원에서 4천만 원 수준이다. 지역별 어업 조건에 따라 가격이 다르다. 상류일수록 좋은 조건으로 친다. 하류는 민통선 내에서 어로를 해야 하기에 시간 제약이 있고 바닷물 영향으로 펄이 많고 물살이 세 어로 조건이 나쁘기 때문이다. 유빙이 내려와 겨울철에는 고기잡이를 거의 할 수도 없다.

어부들은 음식점을 겸하기 마련이다. 고기를 팔아넘기기보다 직접 요리해서 판매하면 수익이 훨씬 높기 때문이다. 부가가치를 높이기 위한 노력은 어로 사전 작업에서도 이뤄진다. 개별적으로 닻을 만들고 배와 그물을 손질하는 것은 기본이다. 공동으로 이뤄

리비교(북진교) 재건 공사. 2021년

지는 산란장 설치와 치어 방류는 어획량을 고정적으로 유지하기 위한 필수 작업이 됐다. 어획량이 30년 전에 비해 10분의 1로 줄어든 데 따른 조처다.

인공 산란장은 주로 어로 구역 상류 얕은 물가에 설치한다. 긴 줄에 물풀(수초) 모양의 인공물을 촘촘히 매단 인공 수초는 대략 100미터이다. 물 흐름과 같은 방향으로 열 겹 정도 물속으로 늘어뜨린다. 물고기들이 산란하는 4~6월에만 설치한다. 공동 이익을 위한 일이고 일손이 여럿 필요한 탓에 선단 소속 어부들이 모두 설치와 철거 작업에 참여한다. 1선단의 경우 김신조 침투로였던 고랑포 부근 서포나루에 설치한다.

치어 방류는 황복 새끼를 대상으로 한다. 황복은 임진강 최고급 어종으로 어부가 음식점에 팔 경우 1킬로그램에 10만 원이 넘는다. 1980년대 대규모 골재 채취 이후 개체수가 급격히 줄었다고 한다. 독이 많아서 예전에는 재수 없는 고기라 여겨 거들떠보지도 않고 발에 치이는 대로 공처럼 차고 다녔단다. 40~50년 전 잘 잡히던 때는 집 울타리에 줄줄이 널어 말렸다. 독 때문에 파리도 달라붙지 않았다고 했다. 요즘은 어부 1인당 열 마리 남짓 잡는다고 한다.

황복은 부화 후에 민물에 머물다가 바다로 가고 산란 때가 되면 다시 민물로 회귀한다. 이러한 습성 때문에 치어 방류가 어느 정도 효과가 있다. 비용은 경기도와 파주시의 지원으로 이뤄진다. 2선단 임진나루, 1선단 리비교 부근을 최적의 장소로 정하고 한 해 한 차례 방류한다. 한번 방류량은 330킬로그램으로, 3센티미터짜리 35만 마리에 해당한다. 비용은 대략 한 해 3억 원 정도라고 전한다.

황복의 산란기인 6월에서 한 달 정도 지난 7월 말쯤이다. 어민들은 방류한 치어가 자라 0.1퍼센트 3천 마리만 돌아온다고 해도 큰 이익이다. 3년 뒤 성어가 된 황복 3천 마리는 1억 5천만 원에 해당하기 때문이다.

어부 박씨는 5월 물안개 필 무렵 임진강은 한 폭의 수묵 그림이 된다고 했다. 고기잡이에 동행할 수 있느냐는 물음에 출입이 허가된 사람 외에 외부인은 배에 탈 수 없다고 했다. 하지만 그의 말과 달리 관광객인 듯한 손님을 태운 고깃배가 근처를 한 바퀴 돌고 나루로 들어오는 모습이 보였다. 하긴 밤에 개구멍으로 몰래 들어오는 낚시꾼을 쫓아내는 일도 군인들의 일이라고 했다. 이야기가 곁가지로 흐르자 나루 출입구 겸 민통선 출입구를 관리하는 상사 계급의 군인이 "나가주세요"라고 말했다.

사적 제537호 덕진산성. 고구려가 쌓은 성으로,
통일신라, 조선, 현대로 넘어오며 역사 이야기도 쌓여갔다.

사흘째
파주의 지역성과 보편성

서울에서 나고도
파주 삼현이라 불린 그들

파주에는 세 현인이 있다. 구봉 송익필(1534~1599), 우계 성혼(1535~
1598), 율곡 이이(1536~1584). 이들을 삼현이라 함은 이들이 주고받
은 편지를 묶은 책 제목《삼현수간三賢手簡》에 따른 것이다. 연년생인
이들 3인 가운데 맨 뒤까지 살아남은 송익필이 죽기 얼마 전 아들
을 통해 묶어냈다. 본디 제목은《현승편玄繩編》으로 '검은 끈으로 묶
은 책'이란 뜻인데 송익필의 또 다른 호 현승(玄繩)을 염두에 둔 듯
하다. 후대 문인들이 '현자 3인의 손편지'라는 뜻을 가진《삼현수
간》으로 제목을 바꿨다.

20대에 만나 평생을 교유한 동무들

이들을 파주 삼현이라 함은 이들의 고향이 파주이기 때문이다. 출
생지를 고향으로 간주한다면 이들은 파주가 고향이 아니다. 모두

구봉 송익필 유허기념비

심학산과 교하 신도시. 심학산은 높이 200미터가 안되지만 정상에 오르면
강화와 김포, 서울의 남산과 북한산, 북한의 개풍군이 한눈에 들어온다.

서울생이기 때문이다. 그럼에도 파주 삼현이라 일컫는 까닭은 이들의 호에 들어 있다. 호는 보통 20대 이후 자신의 삶 또는 학문의 방향이 어느 정도 정해진 다음 스스로 또는 주변인들이 붙여주는 별호인데, 자신의 출신지에서 따오거나 삶의 지향을 표방하는 경우가 대부분이다.

송익필의 호 구봉(거북봉)은 파주 교하에 있는 심학산의 다른 이름이다. 그는 27세 전후로 심학산 아랫마을에 옮겨와 서당을 열어 53세까지 후학을 양성했다. 성혼의 호 우계(쇠내, 내가 합쳐져 물줄기가 세 개로 보이는 곳의 지명, 파평면 눌노리로 추정)와 이이의 호 율곡(밤나무골, 현재 파평면 율곡리)은 그들이 어릴 적에 벼슬에서 물러나는 부모를 따라 옮겨와 청소년기를 보내거나(이이), 평생을 보낸 동네 이름이다.

묻힌 곳을 보아도 그렇다. 성혼은 파주읍 향양리 산 8-2에, 이이는 파주시 법원읍 동문리 산 5-1에 묻혔다. 수구초심(首丘初心), 즉 여우가 죽을 때 자기가 살던 굴 쪽으로 머리를 둔다고 하지 않는가. 송익필의 묘만 고향이 아닌 충남 당진군 당진읍 원당리 야산에 있다. 여기엔 피치 못할 사연이 있다. (자세한 얘기는 조금 뒤로 미룬다.)

파주를 주요 연고지로 하여 동시대를 산 이들 3인은 20대에 첫 인연을 맺어 죽을 때까지 교유하며 서로의 삶과 학문의 깊이를 더한 진정한 동무들이다. 우계와 율곡은 걸어서 한 시간, 율곡과 구봉은 여섯 시간 정도 걸리는 거리여서 마음만 먹으면 수시로 만날 수 있고, 편지를 주고받을 수 있었다. 전화나 이메일이 없는 조선시대에는 인편으로 수신하는 손편지가 선비들 사이의 주요 소통 수단이었

사흘째, 파주의 지역성과 보편성

다. 이들은 대개 편지 사본을 남겨 훗날 문집의 재료로 삼았다. 문자와 종이는 소중한 것이었고 종이에 쓰인 편지는 저술 활동의 일부로 간주됐다. 요즘 사이버 게시판에서처럼 함부로 쓰인 편지는 없다.

성혼과 이이가 지기가 된 데는 휴암 백인걸(1497~1579)이 끼어있다. 백인걸은 급진 개혁가 조광조의 문인으로 스승이 기묘사화로 죽자 금강산에 은거하다가 41살 늦은 나이에 문과에 급제했다. 파주시 월롱면 덕은리가 고향인 휴암은 벼슬살이를 하지 않을 때는 고향으로 돌아와 후학들을 가르쳤다. 성혼과 이이가 만난 것은 1551년 이후이지 싶다. 소윤 세력이 대윤 잔존 세력과 사림을 축출할 때 안변에 유배됐던 휴암이 4년 뒤 사면돼 고향에 서당을 연 해이다. 성혼은 백인걸과 친교가 있었던 아버지 성수침의 권유로 백인걸의 문하에 들었고, 이이는 19세에 금강산에 들어갔다가 1년 뒤에 돌아와 백인걸의 서실을 출입했다. 우계, 율곡에서 걸어서 서너시간 거리다. 이때 백인걸은 스스로 유학의 뿌리를 깊이 연구하면서 성혼, 이이 등 많은 인재들한테 영향을 끼쳤다. 그로 인해 파주가 기호학파의 산실이 됐다.

편지를 주고받으며 한국 철학사에 한 획을 긋다

이이와 송익필은 어떻게 인연이 시작됐는지 명확하지 않다. 다만 이를 추정할 수 있는 기록이 있다. 이이가 1558년 23세 겨울에 치른 별시에서 〈천도책天道策〉이라는 답안으로 장원을 했다. 이이의 천재성은 또다시 입증됐고 과거 수험생들이 배움을 얻고자 이이를 찾았다. 이때 이이가 "구봉을 찾아가시오. 그는 학문이 고명하고 깊

파산서원과 입구의 하마비(아래)
우계리의 파산서원과 율곡리의 자운서원은 걸어서 서너 시간 거리에 있다.

고 넓어 나보다 훨씬 나으니 그에게 물어보시오"라고 말했다고 한
다. 성혼과 송익필의 관계는 성혼이 26세 되던 1560년 10월에 송
익필한테 보낸 편지가 남아 있다. 이 편지는 이이가 송익필한테 받
아 성혼에게 가져다준 편지에 대한 답장으로 사단(四端, 측은지심惻隱
之心·수오지심羞惡之心·사양지심辭讓之心·시비지심是非之心)에 관한 것
이다. 이때 3인의 관계가 무르익었음을 보여준다. 그렇다면 적어도
5~6년 전인 갓 스물 즈음부터 서로 알고 지내지 않았을까.

이들의 편지를 통한 교유가 한국 철학사의 한 획을 그은 해는
1572년이다. 그해 성혼과 이이가 성리학의 가장 큰 주제인 사단과
칠정(희喜·노怒·애哀·구懼·애愛·오惡·욕欲)의 성격, 인심(人心)과 도
심(道心)의 성격을 둘러싸고 여섯 차례 편지를 통해 논쟁을 벌였다.
스승뻘인 퇴계 이황과 고봉 기대승의 논쟁을 심화한 것이다.

성혼은 이황의 설(說), 이이는 기대승의 설에서 출발했기에 그
렇다. 다시 말해 '이(理)'와 '기(氣)'가 섞일 수 없고, '이'와 '기'가 함
께 발한다는 이황의 이기부잡설(理氣不雜說) 및 이기호발설(理氣互發
說)을 따르려는 것이 성혼의 출발점이었다면, 이와 기는 천지만물
의 원리로서는 분리되어 있더라도 사단이나 칠정 같은 인간의 심성
에는 분리되어 나타나지 않는다고 보는 기대승의 이기불리설(理氣
不離說)을 따르려는 것이 이이의 출발점이었다. 논쟁을 짧게 줄여 정
리하면, 이들의 출발점은 달랐지만 나중에는 거리가 좁혀져 하나로
귀일했다. 이기설에서 이이는 기가 발하면 이가 올라탄다는 기발이
승설(氣發理乘說)을 주장하여 이와 기를 둘이면서 하나로 해석했는
데, 성혼은 이와 기가 각기 동시에 발한다는 이기일발설(理氣一發說),

우계 성혼 묘와 묘비

또는 주리주기설(主理週期說)로 수정했다.

소중화(小中華)를 자처하는 조선시대 선비들 사이에서는 엄청난 일이었다. 지극한 삶으로써 성인의 경지에 이르려는 게 선비의 목표인데, 공자가 언행으로써 본을 보였고 주희가 이를 성리학으로 이론화했다. 그것은 곧 고칠 수 없는 금과옥조로 간주되었다. 그런데 중화가 아닌 변방 조선에서, 그것도 서울이 아닌 파주의 20대 사이에서 논박이 이뤄졌으니 볼 만하지 않았겠는가.

선조의 눈 밖에 난 율곡과 우계

이들의 삶을 관통해 보면, 이이와 송익필은 천재파, 성혼은 노력파라 하겠다. 이이는 과거에 수석 합격하여 정6품 호조좌랑을 시작으로 예조좌랑, 이조좌랑, 이조판서를 지냈다. 〈동호문답東湖問答〉(1569년), 〈만언봉사萬言封事〉(1574) 등 개혁을 촉구하는 내용의 제안서를 선조한테 올린 바 있다. 그의 제언이 채택되어 제도를 개선하거나, 법령을 개폐했다는 기록은 없다. 이이는 선조한테 직언을 서슴지 않았고 선조의 이이를 대하는 태도는 쌀쌀맞게 바뀌었다. 황랍 사건이 대표적이다. 1574년 이이가 39살로 사간원 대사간이었을 때의 일이다. 선조는 이유를 밝히지 않고 의영고(기름, 꿀, 황랍, 채소, 후추 등 물품의 출납을 맡은 호조의 기관)에 황랍 500근을 바치라고 명한다. 황랍은 벌통에서 꿀을 받아내지 않은 원래 그대로의 벌꿀통을 말한다. 이것으로 불상을 만들거나 불사를 벌인다는 소문이 돌았다. 이에 이이는 어디에 쓸 거냐며 따졌다. 사간원 동료들이 이에 합세하고 성균관 유생들은 쟁의를 벌일 기세였다. 결국 후궁한테 황랍을

자운서원 입구

선물하려던 선조의 계획은 틀어졌고 이이와의 관계도 틀어졌다.

성혼은 21세에 큰 병을 앓은 뒤 평생을 골골하며 살았다. 음식을 잘 먹지 못하여 몸이 말라 뼈만 남고 현기증이 심하여 토혈을 하기도 했으며 겨울철에도 땀이 나는 등의 증세를 호소했다. 소화기 계통의 병으로 추정될 뿐 정확한 병명을 몰랐다. 벼슬살이를 감당할 체력이 되지 않은 때문일까. 성혼은 과거를 포기했을 뿐 아니라 34살 되던 해 전생서 참봉으로 천거(과거시험이 아닌 벼슬아치의 추천을 받아 숨은 인재를 등용하던 제도)된 이후 64세에 죽기까지 30여 년간 수십 차례 벼슬을 제안받았지만 실제로 복무한 기간은 모두 합쳐 채 1년도 되지 않았다. 그조차도 임금이 사직을 받아들이지 않아 명목에 불과했다. 그가 처음 받은 벼슬은 종9품인 전생서(왕실 제사에 쓸 양, 돼지고기를 공급하는 기관) 참봉이었다. 벼슬을 사양할 때마

사흘째, 파주의 지역성과 보편성

자운서원 내부. 둘레가 5미터가 넘는 두 느티나무는 율곡을 위한 사당이
건립되는 것을 축하하며 심은 것으로 수령이 500년 가까이 된다.

다 품계가 높아져 마지막에는 정2품 참찬에 이르렀다. (희한하게도 선조는 자신의 손길이 미치지 못하면 조급해했고, 정작 그의 휘하에 들면 대수롭지 않게 여겼으며, 위상이 커지면 라이벌로 간주했다.) 그 역시 이이와 마찬가지로 〈신사봉사辛巳封事〉(1581년), 〈경인봉사庚寅封事〉, 〈시무편의時務便宜〉, 〈시무14조時務十四條〉 등 개혁안을 올렸으나 선조가 받아들이지 않았다.

성혼은 임진왜란 당시 선조가 4월 30일 임진나루를 건널 때 마중을 나가지 않았다. 임금이 비밀리에 급히 파천하여 서울을 떠났는지 몰랐기 때문이다. 게다가 임진나루와 집까지는 몇 십리나 되고 비가 쏟아지는 한밤이어서 알았어도 가기 힘들었을 것이다. 선조는 6월 영변에 도착해 요동 망명을 준비하면서 왕세자 광해군한테 국사를 위임했다. 성혼은 광해군의 부름에 응해 개성 유수와 함께 군병을 모으는 일을 했다. 같은 해 10월 성천에서 왕세자를 만나고 400리를 걸어 11월 말 의주에 이르러 선조의 눈도장을 찍었다. 이 두 가지 일, 임진나루로 마중을 나오지 않은 일, 난리 중 자기보다 세자를 먼저 찾아간 일로 선조는 두고두고 뒤끝을 보였다.

노비로 전락한 구봉의 기구한 삶

송익필은 아주 기구한 삶을 살았다. 1586년(선조 19년) 53세 나이에, 그러니까 성리학과 예학 전문가로서 경기도 교하 구봉산 자락에 자리 잡고 후학들을 가르치던 무렵에 일가 70여 명과 함께 안씨 집안의 노예 신분으로 전락했다. 그의 할머니 감정이 안씨 집안의 비첩 중금의 자식이라는 이유에서다. 종모법, 즉 모계의 신분에 따라 자식

이이의 묘. 뒤는 부인 곡산 노씨의 묘다.

자운산 기슭에 있는 이이의 가족묘.
이이와 부인의 묘가 가장 위쪽에 있고, 그 아래로 이이의 맏형 부부의 묘,
맨아래에 이이의 부모인 신사임당과 이원수의 합장묘가 있다.

의 신분이 결정되는 당시의 법에 따른 장예원의 판결에 따른 결과다.

그에 따라 감정을 아내로 둔 할아버지 송린의 후세들은 안씨 집안의 추쇄를 피해 뿔뿔이 흩어졌다. 송익필은 1591년 자수하여 평안도 희천으로 유배되었다가 임진왜란 발발 이듬해 풀려났다. 갈 곳 없는 그를 그의 제자인 김장생이 챙겨 사돈을 통해 거처를 마련해 주었다. 죽기 3년 전 충남 당진시 송산면 매곡리 숨은골이다.

말년에 신분이 바뀐 것은 그의 아버지 송사련과 고종사촌인 안처함 형제의 악연에서 비롯한다. 사련이 안처함 형제가 연루된 역모를 신고함으로써 안씨 집안이 멸문지화를 당함에 따라 친척 지간인 송씨 안씨 집안이 철천지원수가 되었다. 칼을 갈던 안씨 후손은 송익필의 뒷배가 되었던 이이가 1584년 타계하고 이이와 대척점에 있던 동인이 득세하자 이들을 등에 업고 송사를 벌여 100년 전 노비의 피가 섞였음을 문제 삼아 판을 뒤집어엎은 것이다.

당시 판결문은 자체만으로 흥미진진하여 〈안가노안安家奴案〉이라는 제목으로 여러 책에 전문이 수록돼 있다. 이를 분석한 임상혁은 《나는 선비로소이다》(역사비평사, 2020년)를 통해 장예원의 판결이 억지였음을 밝혔다. 책에 따르면 송사련이 고변한 역모 사건이 진실이 아닌 것으로 판정된 바 없으며, 송익필의 할머니가 노비 신분을 벗어났음을 증명하는 문서가 있으며, 설령 노비 신분이라 하더라도 2세대 이상 양인 신분으로 살았다면 천인으로 만드는 것을 허용하지 않는 법령에 따라 안씨 일가의 소송이 애초 성립될 수 없는 것이었다.

송익필은 소싯적부터 이름을 날렸다. 여덟 살에 지은 시 〈산속

초가지붕에 달빛이 어리고山家茅屋月參差)는 주위의 감탄을 자아냈다. 청년이 되어서 이산해, 최경창, 이순인, 백광훈, 최립, 윤탁연, 하응림과 함께 당대 8문장으로 꼽혔다. 무엇보다 학문의 경지가 깊어 그의 문하에 쟁쟁지사들이 모여들었다. 대표적인 이가 김장생(1548~1631)으로 송익필한테서 예학을 배워《주자가례朱子家禮》의 주석서인《가례주설家禮註說》과《예문답禮問答》을 지어 조선 예학의 비조가 되었다.

그는 기골이 크고 풍채가 좋아 사람을 압도하였던 모양이다. 그의 자(친구들끼리 부르는 별호)가 운장(雲長)인데 삼국지에 나오는 관운장에서 따온 것으로 보인다. 송시열이 쓴〈구봉선생 송공 묘갈문〉에 나오는 홍경신(1557~1623)의 일화는 유명하다. 평소 천한 신분이라며 송익필을 탐탁찮아 한 홍경신이 그를 만나면 욕을 보이려 별렀는데, 막상 맞닥뜨리고 보니 절로 무릎이 꺾여 절을 하게 되었다고 한다. 인조 때 영의정을 지낸 김류(1571~1648)는 "내가 오늘에 이른 것은 구봉 선생이 몸소 차근차근 가르쳐준 덕분이다"라고 말했다고 한다.

삼현의 흔적을 찾아

파산서원 파평면 눌노리에 있는 파산서원은 성혼, 그의 아버지 성수침, 작은 아버지 성수종, 그의 스승 백인걸의 위패를 모셨다. 선조 원년(1568년)에 창건돼 효종 원년(1650년)에 사액(임금이 친필로써 서원이름을 새긴 액자를 하사하는 행위)을 받았다. 조선 말 흥선대원군의 전국적인 서원 철폐 조처 때 없애지 않고 남긴 47개 서원 중 하나이다. 임진왜란, 한국전쟁 등 두 차례 화재를 겪었다. 1966년 원래의

임진강변에 자리한 화석정

자리에서 조금 옮겨 복원했다. 강당과 사당을 전후로 배치하는 전형적인 방식과 달리 이를 좌우로 배치했다. 사당 앞에 죽은 느티나무를 베어내지 않고 그대로 두어 기괴한 느낌이다. 눌노천 천변길을 따르면 임진강에 이르고 그 강변길을 따라 한 시간 남짓 걸으면 화석정에 이른다.

화석정 파평면 율곡리 소재의 화석정은 임진나루 옆 동산에 있어 조망이 좋다. 이이의 증조할아버지 이명신이 지었고 할아버지 이숙함이 이름 지었다. 임진왜란, 한국전쟁 등 두 차례 소실된 바 있다. 현재의 건물은 1966년 지었다. 박정희 글씨로 새긴 화석정 현판과 이이가 8살에 지었다는 〈팔세부시八歲賦詩〉가 걸렸다.

林亭秋已晚 騷客意無窮(임정추이만 소객의무궁)

遠水連天碧 霜楓向日紅(원수연천벽 상풍향일홍)

山吐孤輪月 江含萬里風(산토고륜월 강함만리풍)

塞鴻何處去 聲斷暮雲中(새홍하처거 성단모운중)

숲속 정자에 가을이 깊어

이리저리 거니노라니 상념이 끝없네

멀리 저 물빛 하늘에 닿아 푸르고

서리 맞은 단풍 햇빛 향해 붉구나

산 위에 토한 듯 외로운 달

강 바람엔 흠흠 만리향

저 기러기 어디로 가나

끼룩끼룩 저녁노을 속으로

자운서원 1615년 파주시 법원읍 동문리 산 5-1, 자운산 기슭에 세워 이이, 김장생, 박세채의 위패를 모셨다. 고종 때 헐렸다가 1969년에 다시 세웠다. 1973년 박정희 정부 때 성역화해 크게 확장되었다. 근처에 이이 부부의 쌍분묘, 부모인 이원수·신사임당 합장묘가 있다.

구봉 송선생 유허기념비 파주시 산남로 177, 송익필의 학사가 있던 곳으로 추정되는 곳에 1991년 대종교에서 세운 비석이다. 이웃한 문발동은 그로 인해 문교가 피어났다고 해서 붙여진 이름이라고 한다.

반정세력의 근거지가 된
덕진산성

파주시 군내면 정자리 산13

《인조실록》은 이렇게 시작한다.

> 상이 의병을 일으켰다. 왕대비를 받들어 복위시킨 다음 대비의 명
> 으로 경운궁에서 즉위했다. 광해군을 폐하여 강화로 보내고 이이
> 첨 등을 베었다. 전국에 대사령을 내렸다. (上擧義兵, 奉王大妃復位,
> 以大妃命, 卽位于慶運宮, 廢光海君, 放于江華, 誅李爾瞻等, 大赦國中.)

즉위 첫날(1623년 3월 13일) 벌어진 일을 명료하게 요약했다. 문장의
주술이 분명하고 경과를 기술하는 것에서 오해 소지가 없다. 왕으
로 즉위한 본인이 의병을 일으켰다고 기술하여 반정(쿠데타)임을 분
명히 하고 있다. 광해군의 폐모살제, 명나라에 대한 배신외교 등을
명분으로 내세웠다. 하지만 전후 사정을 들여다보면 인조의 개인적

원한이 큰 몫을 한 것으로 보인다.

범 잡으려다 왕위를 잡힌 광해

4년 전인 1619년 이종(인조)의 아버지이자 광해군의 배다른 동생인 정원군이 40세의 젊은 나이에 죽었다. 그보다 4년 전에는 이종의 4살 아래 동생인 능창군이 17살 나이에 역모로 엮어 죽임을 당했다. 능창군은 용모가 훤칠한 것이 되레 화가 됐다. 군왕의 기상을 지녔다는 평이 돌아 광해군의 질시를 받은 거다. 정원군 집안은 새문동 집마저 왕기가 서렸다는 이유로 광해군에게 뺏겼다. 광해군은 그 자리에 경덕궁을 짓는데, 현재 경희궁이 바로 그곳이다. 이종은 동생과 아비의 죽음을 지켜보고, 집에서 쫓겨나면서 광해군에 대한 복수의 칼을 갈지 않았을까.

쿠데타는 이종 외에 율곡 이이와 우계 성혼의 문인인 김류, 이서, 이귀, 김자점, 신경진, 이괄 등 서인계열이 참여한다. 광해군 때 남명 조식과 화담 서경덕의 문인인 북인이 권력을 장악하면서 소외된 서인이 불만 세력으로 결집한 것이다.

쿠데타 뒤처리를 보면 이들이 얼마나 절치부심했는지 알 수 있다. 이이첨, 정인홍, 유희분 등 40여 명이 참수되고, 200여 명이 유배형에 처해졌다. 정인홍은 90살 상노인으로 벼슬에서 물러나 있었는데 굳이 잡아 올려 목을 베었다. 조선 역사에서 일어난 4번의 쿠데타 중에서 인조반정처럼 반대파를 철저하게 압살한 적은 없었다. 이로 인해 조선사회는 성리학 일색의 사회가 되었고 병자호란을 자초하게 된다.

　　　　　　　사흘째, 파주의 지역성과 보편성

이들은 3년 전인 1620년 신경진, 김류가 처음으로 쿠데타 모의를 시작했다. 이서와 이귀, 김자점, 최명길과 그의 형 최내길 등이 이에 동조했다. 1622년 가을 이귀가 평산부사로 임명되자 신경진을 끌어들여 중군으로 삼았다. 이들은 호환(虎患, 호랑이가 인명을 해치는 일) 사태를 이용하여 군사력을 키우고 병력을 동원했다. 당시 평산과 개성 사이의 도로에 흉악한 범이 출몰하여 사람을 잡아먹는 바람에 파발이 끊어질 지경이었다. 이귀가 조정을 떠나던 날, 광해가 힘을 다하여 범을 잡으라는 명을 내렸다. 이귀는 도임 후에 쇠뇌를 널리 설치하고 연이어 큰 범을 잡아 수레에 실어 궁궐로 올려 보내니 광해가 매우 기뻐했다. 이귀는 "범을 잡는 곳은 경기, 황해 두 도의 경계인데, 범이 만약 다른 도로 달아나면 법규상 경계를 넘어 쫓아가지 못하므로 비록 대군이 모였더라도 매양 중도에 파하지 않을 수 없습니다. 청컨대 범을 쫓을 때는 범이 가는 곳을 쫓아서 경계에 구애받지 않도록 하소서" 하니 광해가 이를 허락하고 장단과 개성에 "평산과 함께 힘을 합하여 범을 쫓으라"고 명했다.

마침 이서가 장단부사가 되어 덕진에 산성 쌓을 것을 청하고 이것을 인연하여 그곳에 군졸을 모아 훈련시키다가, 광해의 허락을 얻어 도경계를 넘나들 수 있는 병력을 보유한 이귀와 손잡고 쿠데타에 참여하게 됐다. 이들 변방의 수비군은 파주에서 집결하여 연서역(현재 은평구 구산역 부근)으로 나아가 이종의 사병과 합류하여 1천여 명의 대대급 병력으로 세를 키워 창의문으로 진군하게 된다. 덕진산성이 쿠데타 세력의 근거지가 된 경위는 이러하다.

인조반정 성공 뒤 이서는 당연히 승승장구한다. 조선이 청나라

덕진산성 풍경. 복원 전에는 나무가 많았다고 한다.

덕진산성에서 생태 탐사중인 사람들

와 반목하게 됨에 따라 이서는 그들의 침입에 대비하는 역할을 맡았다. 자신의 전공을 살려 공조판서로서 전국의 산성을 조사한 뒤 수리 보수 대상을 선정하는 작업을 했다. 이때 반정군이 주둔하며 조련했던 덕진산성은 정작 보수 대상에서 제외된다. 장단부사 시절 축성 작업이 국방과는 전혀 관련 없었음을 스스로 보여주는 방증이다. 그는 이어 총융사(종2품 무관벼슬)로서 왕에게 건의해 남한산성을 수축하고 군량미 1만 석을 비축했으며, 삼혈포와 조총을 많이 제조해 적의 침공에 대비했다. 병자호란이 일어나자 어영제조로 왕을 호종(扈從)하고 남한산성에 들어가 지키다가, 이듬해 정월에 적군이 겹겹이 포위하고 항복을 재촉하는 가운데 과로로 순직했다. 자업자득이로되 나름 열심히 산 인물이다.

인조반정과 12.12쿠데타 비교

인조반정을 12.12 쿠데타 과정과 비교해 보면 흥미롭게도 겹치는 부분이 많다.

인조반정은 능양군 개인의 원한과 권력으로부터 소외된 서인들의 불만에서 비롯된, 명분이 궁색한 거사였다. 12.12 쿠데타는 사조직 하나회의 수괴 전두환이 보안사령관에서 동해안 경비사령부로 좌천될 우려가 생기자 단체행동에 나선 것이다.

인조반정은 호랑이를 잡는 정예부대로 광해군이 거처하는 창덕궁을 타격했다. 12.12 세력은 테러대응 부대인 공수부대를 동원해 국방부와 육본을 장악했다.

인조반정은 창덕궁 경비대인 훈련대장 이흥립과 짜고 창덕궁에 무혈 입성했다. 12.12 세력 대통령 경호실장 정동호와 행동대장 고명승 대령은 최규하가 머무는 총리공관을 장악해 전두환을 비롯한 쿠데타 세력에게 문호를 개방했다.

인조반정 주역들은 대부분 이항복과 관련을 맺은 인물들이었다. 12.12 쿠데타 주역들 역시 박정희의 총애를 받은 육사 11기 출신의 사조직인 점에서 유사하다.

인조반정 때 김자점이 미리 술과 안주를 준비해 광해군과 가까운 김상궁(김개똥)에게 보내 광해군으로 하여금 방심하게 만들었다. 12.12 쿠데타 주역들 역시 술자리를 마련해 반쿠데타 부대 지휘관

사흘째, 파주의 지역성과 보편성

을 격려함으로써 정 총장을 연행하는 시간을 벌었다.

광해군이 반정에 대한 경고를 받았으나 미온적인 입장을 보인 점은 최규하 대통령이 쿠데타를 제압하거나 적극적으로 저항하지 않은 것과 유사하다.

인조반정 당시 지방에서 서울로 군사 동원을 하는 것이 엄격히 금지되었던 점과 12.12 당시 한강 북쪽에서의 병력 이동은 엄격히 제한되었던 점은 유사하다. 그러한 조처가 무력했던 점도 비슷하다.

고구려에서 조선까지 이어진 산성

덕진산성은 내성과 외성으로 나뉘고, 내성은 능선을 따라 두 개의 봉우리를 감싸 안은 표주박 모양을 띠고 있다. 작은 봉우리에 덕진단으로 추정되는 건물지가 확인된다. 성 둘레는 984미터, 성벽 높이는 4미터 정도로 보인다. 성을 쌓으면서 두 개의 봉우리 사이 우묵한 곳에 원형 우물과 사각형 집수정 시설을 만들었다. 발굴 조사 결과 흙을 메운 흔적이 보여 축성 담당자가 지세를 어떻게 활용할까 고민한 결과라고 보인다.

고구려가 남진하면서 처음으로 쌓고, 신라 영역으로 넘어가면서 성곽이 보강된 흔적이 보인다. 집수정과 우물 근처의 성곽에서 시대를 달리해 겹으로 쌓인 축성 흔적이 발견된 것이다. 안쪽이 고구려 식, 바깥쪽이 통일신라 식이다. 고구려 식은 토축으로 성의 형태를 얼추 만든 다음 현무암을 가공한 석재를 외부에 쌓아올린 형태로, 석재의 형태가 불규칙한 것이 최소한으로 가공한 것이다. 통일신라의 것은 화강암 또는 점판암을 일정한 크기의 직사각형으로

덕진산성의 집수정과 우물. 발굴 조사 후 흔적을 찾아서 복원한 것이다.

가공해 지그재그로 엇갈리게 쌓았다. 고구려 식에 비해 정교해 한 발 더 나아간 축성 기술로 보인다. 하지만 성곽 전문가에 따르면 고구려의 것이 통일신라보다 축성 기술이 앞선다. 고구려 성곽에 쓰인 현무암은 단단해서 가공하기 어려운 대신 주변에서 쉽게 구할 수 있어 비용과 공기를 줄일 수 있었다고 본다. 현무암을 다루는 기술이 있었기에 가능하다는 것이다. 반면 통일신라 성곽에 쓰인 화강암 또는 점판암은 다루기가 비교적 쉽다고 한다. 일정한 결이 있어 결을 따라 자르면 자연스럽게 쌓기 편한 넓적한 사각형이 된다는 것이다. 대신 근처에서 구할 수 없어 멀리서 조달해야 하는 난점이 있었다.

외성과 내성 사이 계곡은 완경사를 이루며 강변으로 이어져 나루터를 감싸 안은 모양새다. 내, 외성이 합쳐 인원과 물자가 이동하

사흘째, 파주의 지역성과 보편성

는 나루를 보호하고 감시할 수 있는 구조다. 내성은 병사들이 주둔할 수 있도록 폐곡선의 성곽을 두르고 장기 농성할 수 있는 식수를 확보한 전형적인 형태이다.

덕진산성은 임진왜란이 일어나면서 전략적 요충지로 급부상했다. 개전 20일 만에 한양은 왜군의 수중에 떨어졌다. 조선군은 서둘러 구축했던 한강 방어선이 무너지자 임진강 방어선을 구축했다. 하지만 그마저 맥없이 무너졌다. 왜군은 "임진강 하류 덕진단 근처에 목책을 설치하고 참호를 만들어 진지를 구축했다."

세자로서 방어전을 이끌었던 광해군은 임진강과 덕진산성에 주목했다. 광해군은 즉위 후 후금의 침략에 대비해 덕진산성에 외성을 덧붙여 쌓도록 지시했다. 그는 산성에서 가까운 교하에 행궁을 건설할 계획을 세우기도 했다. 현재 흔적이 남은 외성은 광해군 때 축조한 것으로 보인다.

덕진산성의 현재

덕진산성은 그 뒤 그 존재가 잊혀져 허물어졌다. 현대에 들어 군용 콘크리트 벙커가 구축되면서 심각하게 훼손됐다. 급기야 국유지인 이곳을 특정 민간인이 착복하는 일까지 벌어졌다. '수복지역 소유자 미복구 토지의 복구 등록과 보전 등기 등에 관한 특별조치법'(1982년 12월 31일 법률 제3627호)을 악용한 대표 사례다.

이 법은 수복지역, 즉 한국전쟁 뒤 남한 땅으로 편입된 지역의 소유권을 특정하기 위한 것이지만, 장단군이 보유하고 있던 토지대장과 지적도 그리고 개성등기소에 보관되었던 등기부가 소실된 토

덕진산성에서 보이는 초평도. 임진강이 흘러오다가 만든 하중도이다.
논이었으나 한국전쟁 후 사람이 살지 않으면서 생태계의 보고가 되었다.

지도 대상에 포함됐다. 이 특별조치법은 미수복 주민이 이 지역을 잘 아는 부락단위 보증인 3인을 면에 추천하면 소유권을 확인하는 보증서를 발급받을 수 있으며 이를 근거로 보존등기를 하도록 했다.

　문제의 인간은 죽은 부친이 덕진산성 토지를 매수했으며 자신은 그 상속인이라며 보증서 발급받기를 시도했다. 주장만 있을 뿐 아무런 근거 자료를 제시하지 못하였기에 보증서 발급에 실패했다. 그는 며칠 후 그 땅에 대한 진정한 권리자가 나타나면 증빙서류에 따라 적법 조치를 한다는 내용의 각서를 제출하였고, 해당 관청에서는 더 이상 거절하지 못하고 보증서를 발급해 주었다. 2000년 송달용 파주시장은 이 사실을 알고 등기말소 소송을 제기하여 2년여에 걸친 쟁송 끝에 국유지로 확정했다. 덕진산성은 2007년 경기도 기념물 제218호로 지정됐다.

　2012년부터 총 6차에 걸쳐 발굴 조사를 진행한 결과, 외성 약 1.2킬로미터, 내성 약 600미터 규모에 시대별 성벽을 비롯해 방어시설인 치(雉), 장수가 군사를 지휘하던 장대지(將臺址), 덕진단(德津壇) 등 건물지, 집수지 등 덕진산성의 다양한 유적지의 실체가 드러났다. 최근에는 외성 발굴이 진행 중인데, 외성문지의 구조와 축조 기법, 변천 과정, 주변 시설물의 존재 여부가 밝혀질 것으로 기대된다.

전설이 된
장단부사 이서

덕진산성을 반군의 소굴로 삼은 이서(1580~1637)는 어떤 인물인가.
《인조실록》(인조 15년 1월 2일)에 실린 졸기는 이렇다.

> 완풍 부원군 이서가 군중에서 죽었다. 상이 그를 위하여 통곡하였
> 는데 곡성이 밖에까지 들렸다. 의복과 명주를 하사하여 염습하게
> 하고 7일 동안 생선과 고기를 끊었으며, 도성에 돌아온 뒤에는 빈
> 소를 그 집안에 들이도록 특별히 명했다. 이서는 효령대군 이보의
> 후손이다. 무과로 진출하였는데, 글 읽기를 좋아하고 지조가 있
> 었다. 광해군 때 인목대비를 폐출하는 정청에 참여하지 않았으며,
> 반정 때에는 장단부사로서 관군을 규합 통솔하여 상을 받들어 내
> 란을 평정함으로써 상훈에 기록되었다. 경기감사·판의금부사·호
> 조판서·병조판서·형조판서·공조판서를 역임하면서 강명하고 부

사흘째, 파주의 지역성과 보편성

덕진산성에서 바라본 통일대교 방면 임진강.
이서 부인이 이서를 기다리며 이 풍경을 하염없이 봤을 것이다.

지런하게 마음을 다해 봉직하였는데, 까다롭고 잔다랗다는 결함이 있어 이익을 늘이려 하다가 원망을 샀다는 비난을 받았다. 그러나 남한산성의 역사를 감독하여 완성시키고 군자와 기계를 구비하지 않음이 없어 마침내는 대가가 머물면서 의지할 수 있는 터전이 되게 했다. 영의정에 추증하고 특별히 온왕묘를 세워 이서를 배향하도록 명했다.

이서 전설의 탄생

이서에 관한 전설이 하나 있다. 항용 그렇듯이 전설은 덕진산성에 있었다고 전해지는 덕진단 등 구체물과 상관돼 있다. 인터넷에 떠도는 버전을 보면 화자나 채록자에 대한 정보 없이 드라마처럼 각색돼 있다. 출처를 확인한 결과 1997년 파주문화원에서 발행한《파주지명유래전설지》456~460쪽에 실린 내용 그대로다. 당시 파주문화원장은 이기현 씨로 자전거를 타고 파주시 전체를 누비며 전설과 민담을 채집했다고 한다. 아마추어 학자로 파주 지역의 전설과 지명유래를 집대성한 공로가 크다. 다만 전문 교육을 받지 않아 채록의 기본 원칙을 몰랐던 듯하다. 각색이 심한 것과 그렇지 않은 것이 혼재된 것으로 미루어 별도의 조력자가 있었지 싶다. 얘깃거리가 될 만한 것은 대부분 지나치게 각색돼 본래의 내용이 퇴색됐다.

전설의 얼개는 이렇다. 장단부사 이서가 인조반정에 참가한다. 병력을 이끌고 서울로 가기에 앞서 아내에게 당부를 한다. 반정 과정이 끝나면 군사를 실은 배가 임진강을 건너올 것이다. 자신이 살아오면 빨간 색 깃발을 달 것이라고. 만일 흰 깃발이 달려 있다면

서울 쪽에서 임진강을 거슬러올라오면서 보이는 덕진산성.
절벽에서 이서 부인이 몸을 던졌다는 전설이 전해진다.

반정이 실패하여 가족들을 잡으러 오는 병사들이 탔을 것이니 피신하라는 내용이다.

남편이 떠난 뒤 아내는 덕진산성에 올라 임진강을 바라보며 남편이 돌아오기를 기다린다. 오랜 기다림 끝에 배 한 척이 임진강을 건너온다. 배에는 흰 깃발이 달려 있었다. 아내는 남편 이서가 반정에 실패했고 진압군 쪽에서 가족을 잡으러 오는 것으로 판단했다. 그는 낭떠러지로 몸을 날려 자살한다. 실제로는 뱃사공이 덥다며 흰 웃옷을 벗어 깃대에 거는 바람에 빨간 깃발을 가렸던 것이다. 사람들은 이서 아내의 죽음을 안타깝게 여겨 사당을 지어 제사를 지냈다.

몇 개의 모티브로 정리하면 다음과 같다. 주인공이 죽을지도 모르는 임무를 띠고 타지로 떠남, 부주인공에게 자신의 생사를 미리 알리는 표지를 하겠다는 약속을 함, 임무를 성공적으로 마치고 돌아오는데, 의도치 않은 일로 인해 살아있다는 표지가 죽음을 알리는 신호로 오인됨, 부주인공이 오인된 신호로 인해 자살함. 주인공은 남자, 부주인공은 여성 파트너이고 생사 구별 방식은 깃발의 색이다.

웅담리에 남은 윤관의 슬픈 전설

파주시 법원읍 웅담리에 있는 웅담(곰소)에도 비슷한 전설이 전한다. 등장인물과 시대배경이 다를 뿐 똑같은 구조이다. 조선조 인조반정이 고려 때 여진족 토벌 출정으로, 장단부사 이서가 고려시대 윤관 장군으로, 이서의 아내가 웅녀로, 빨강-흰색 신호체계가 청색-흰색으로 바뀌었다. 길이가 짧으니 이를 전재한다.

윤관 장군은 여진 정벌 후 9성을 쌓아놓고 파주땅 파평산 기슭에서 한가한 나날을 보내고 있었다. 그곳에는 글과 가무에 뛰어난 웅녀라 불리는 미모의 기생이 있었다. 어느 날 윤관 장군은 기생 곰과 함께 연못 옆에 있는 정자에서 시를 읊으며 술잔을 주고받고 하면서 놀다가 "허허, 이젠 너의 춤을 보고 싶구나. 내가 가락을 읊을 터이니 너는 춤을 추도록 하라."

"예, 그럼 춤을 추겠나이다."

기생 곰은 몇 잔의 술을 마신 탓으로 취흥이 도도해지자 몸을 비틀거리며 춤을 추다가 그만 발을 헛디뎌 연못에 빠져 죽고 말았다.

"앗, 곰이 죽다니!"

윤관은 몹시 놀라고 또한 무척 슬퍼하는 한편 그녀가 빠져 죽은 그 못을 웅담이라고 하였으며 그 후 주위에 마을이 생기면서 웅담리라 불렀다고 한다.

또 다른 전설은 여진족이 우리나라를 다시 공격함에 따라 장군이 재차 출전할 때 웅녀에게 내가 승전하고 돌아올 때는 청기를 달고 올 것이며 만약 죽어서 돌아올 때는 흰 기를 달고 올 것이라는 말을 하고 몇 달 후 여진족을 물리치고 돌아오는데 선두 지휘하는 병사가 날이 더워 군복을 벗고 흰 윗옷만을 걸치고 돌아오는 모습을 멀리서 본 웅녀는 흰 기로 착각하여 낙화암에서 연못에 빠져 죽었다는 전설이 내려오고 있다.

《파주지명유래전설지》 263쪽

이 윤관 전설도 이서 전설을 소개한 향토사학자 이윤희 씨와 전화

통화를 통해 《파주지명유래전설지》에 실려 있음을 알았다. 1997년에 처음으로 채록돼 활자화한 셈이다. 그동안 수많은 전설집과 지명유래집이 발간됐는데 이 전설은 채록자의 손길을 용케 비켜간 셈이다. 《파주지명유래전설지》의 채록자가 화자의 입말을 각색하고 신분을 누락함으로써 채록의 신빙성을 떨어뜨리기는 했지만 적어도 가짜를 창작했다고 보지는 않는다. 이렇게 엉성하게나마 기록한 것을 다행이라고 생각한다. 동일한 모티브의 전설이 동서양에 공존한다는 사실을 입증하는 사례이기 때문이다. 이와 같은 구조의 서양 전설은 〈그리스의 영웅 테세우스〉와 북유럽의 〈트리스탄과 이졸데〉가 대표적이다.

그리스 신화에도 나오는 이야기

우선 테세우스 전설을 보자. 테세우스는 아테네의 왕 아이게우스(혹은 포세이돈)의 아들이다. 아이게우스가 델포이에서 신탁을 받고 돌아오는 길에 트로이젠 공주 아이트라와 동침한다. 아이게우스는 장차 아들이 태어나면 자신에게 보내라고 하며 그 증표를 큰 바위 밑에 숨겨두고 떠난다. 장성한 테세우스는 바위를 들어 올려 칼과 샌들을 꺼내 아버지를 찾아간다.

그 길에서 청동 몽둥이를 휘두르는 악당 페리프테스, 휜 소나무 덫으로 여행자를 살해하는 시니스, 포악한 멧돼지 파이아, 절벽에서 여행자를 걷어차는 스키론, 포악한 레슬러 왕 세르시온, 침대 크기에 맞춰 사람을 자르는 프로크루스테스 등과 대결해 승리한다.

아이게우스는 마녀 메데이아와의 사이에 메데우스라는 아들을

웅녀가 몸을 던져 연못이 되었다고 전해지는 웅담. 하천이 흐르다가 이 지점에서 소를 이룬다.

윤관 장군이 책을 읽으며 휴식을 취하던 상서대. 지금은 윤씨 가문에서 세운
각종 비석이 상서대 마당을 채우고 있다.

두었다. 메데이아는 테세우스가 장자임을 알아본다. 난폭한 마라톤의 황소를 퇴치하도록 만들어 그를 제거하려 한다. 첫 수가 실패하자 독살을 시도한다. 하지만 테세우스가 자기 아들임을 알게 된 아이게우스에 의해 무산된다.

테세우스는 이후 크레타 섬 미궁 속 괴물 미노타우로스를 퇴치하게 된다. 인질 틈에 끼어 잠입한 뒤 크레타의 공주 아리아드네를 꾀어 탈출법을 알아낸다. 실타래를 풀며 들어가 임무를 끝내고 실타래를 따라 역순으로 되돌아 나오기다. 그는 아리아드네와 함께 도망친다.

테세우스는 크레타에서 자신이 살아서 돌아오게 되면 배에 흰 돛을, 그렇지 않으면 검은 돛을 달기로 한 약속을 까먹고 검은 돛을 단 채로 고국 아테네로 돌아오고, 검은 돛을 본 아이게우스는 아들이 전사한 것이라 생각하여 배가 들어오기도 전에 비탄 속에서 바다로 뛰어들어 자결한다.

켈트족의 전설 〈트리스탄과 이졸데〉 속 청년 트리스탄은 이졸데의 도움을 얻어 그의 아저씨이자 콘월의 왕 마크를 위한 모험을 떠난다. 아일랜드에 도착한 그는 그 나라를 괴롭히는 용을 퇴치한다. 돌아온 트리스탄은 이졸데와 함께 이졸데의 어머니가 자기 딸과 마크 왕의 혼인을 위해 준비한 사랑의 묘약을 마신다.

마크 왕과 신하들은 두 연인을 잡으려고 덫을 놓는다. 화형장으로 가던 트리스탄은 탈출해 나병 환자들 속에 던져진 이졸데를 구한다. 두 연인은 모뢰아 숲으로 달아나는데, 이를 추적해 온 마크

왕은 두 사람이 칼을 사이에 두고 잠들어 있는 것을 발견하고 화해한다. 트리스탄은 이졸데를 마크 왕에게 돌려주고 그 나라를 떠난다. 브르타뉴에 도착한 트리스탄은 이졸데와 이름이 같고 아름답다는 이유로 브르타뉴 공주와 결혼한다.

그들의 결혼생활은 형식뿐. 독이 묻은 무기에 부상을 당한 트리스탄은 이졸데에게 그녀만이 자기를 치료해 줄 수 있다며 전갈을 보낸다. 자기를 치료하러 오는 거라면 배에 흰 돛을 달고 그렇지 않으면 검은 돛을 달라고. 비밀을 알아챈 트리스탄의 아내는 이졸데의 배가 검은 돛을 달았다고 거짓말을 한다. 트리스탄은 얼굴을 벽을 향해 돌린 채 죽고, 뒤늦게 도착한 이졸데는 트리스탄을 껴안고 죽는다.

동서양이 전설을 공유하는 까닭

동서양이 이처럼 유사한 구조의 전설을 공유하는 까닭은 무엇일까. 사랑, 특히 남녀 간의 사랑은 동서가 다르지 않기 때문이다. 누구나 한번은 젊은이이고 한번은 사랑에 빠지기 마련이다. 눈에 콩깍지가 씐 동안, 사랑은 아름답고 영원히 지속될 듯하다. 하지만 그것은 일종의 흥분 상태의 현상인 만큼 사소한 오해로 틀어지는 일이 잦다. 사랑이 자연발생인 것처럼 그에 관한 전설도 자연발생적일 수밖에 없다.

사랑은 고금이 없는 터, 도시 전설에서도 신호 모티브는 계속된다. 깃발 대신 손수건이나 리본으로 변주될 뿐이다. 1970년대 초 피트 해밀이 《뉴욕포스트》와 《리더스다이제스트》에 투고한 사연이 대표적이다. 그는 뉴욕시에서 어떤 소녀로부터 이야기를 들었다며,

사흘째, 파주의 지역성과 보편성

플로리다로 가는 장거리 버스에서 자신이 직접 듣고 목격했다는 소녀의 시각을 빌려 이를 기술한다. 버스가 통과하는 지명들과 시간이 지남에 따른 등장인물의 변화가 극적이어서 내용이 아주 그럴듯하다.

남자 셋, 여자 셋. 장거리 버스에서 이들은 외로운 사내 한 명을 목격한다. 심심했던 차, 사내의 신분과 사연이 궁금해 접근해 술을 먹이고 말을 붙인다. 사내는 뉴욕에서 4년 동안 복역을 하고 고향으로 돌아가는 중이었다. 감옥에서 아내한테 편지를 보냈다. 당분간 멀리 가 있을 터인데, 견디기 힘들거든 딴 남자 만나 재가해라. 그리고 답장을 할 필요 없다고. 석방을 앞두고 다시 편지를 보냈다. 아직도 자신을 기억하고 받아들일 뜻이 있다면 마을 앞 떡갈나무에 노란 손수건을 걸어두어라. 나는 버스를 타고 갈 터인데, 노란 손수건이 보이면 내리고, 그렇지 않으면 그냥 지나갈 것이라고. 이러한 사연은 승객들 모두 공유하게 된다. 마을이 가까워 오면서 승객들의 시선은 한쪽으로 쏠린다. 사내만 제외하고. 마침내 마을이 보이고, 떡갈나무는 온통 노란 손수건이 걸려 있었다. 승객들은 환성을 지르고, 사내는 버스에서 내린다.

이 도시 전설은 'Tony Orlando & Dawn'이라는 가수가 "Tie a Yellow Ribbon Round the Ole Oak Tree"라는 제목의 노래로 불러 더욱 유명해졌다.

파주는 DMZ에 가로막혀 궁벽한 처지에 있지만 전설의 뿌리를 캐어들면 이렇듯 세계와 연결돼 있음을 알게 된다.

수백 년 만에 발견된
홍랑의 묏버들가

파주시 교하로 1053번길

파주 하면 무엇이 떠오르는가. 판문점, 임진강, 출판단지……. 사람마다 첫손에 꼽는 대상이 다를 터이다. 나는 교하읍 다율리에 있는 홍랑 묘소다.

> 묏버들 굴히 것거 보내노라 님의 손딕
> 자시는 창밧긔 심거두고 보쇼셔
> 밤비예 새닙곳 나거든 나린가도 너기쇼셔
> (묏버들 가려 꺾어 보내노라 님의 손에
> 주무시는 창밖에 심어두고 보소서
> 밤비에 새 잎이 나거든 나인 줄 여기소서)

조선시대 기녀 홍랑의 〈묏버들가〉다. 남녀 간의 애절한 사랑을 주제로 한 노래 가운데 이토록 완성도 높은 절창을 보지 못했다. 드라마 한 장면을 떠올리게 하는데, 그 장면은 아주 시각적이다.

아마 나루일 테다. 때는 겨울의 끝이거나 이른 봄이거나. 기약 없이 먼 길 떠나는 님에게 버드나무 가지 하나를 꺾어준다. 그리고 "사랑방 창문 밖에 심어두고 보세요. 어느 봄날, 비온 아침에 새 잎이 돋아나거든 나인 줄 아세요."라고 말한다. 어쩌면 정성껏 가려 꺾은 가지를 건네주며 그냥 울음과 함께 그 말을 삼켰는지도 모른다. 님을 따라 갈 수 없는 신분인지라 꺾어서 꽂으면 어디서도 자라는 묏버들이 얼마나 부러우랴. 님을 직접 모시지 못 한다 해도 묏버들처럼 창밖에서나마 가까이 머물고 싶은 심정을 표현했다.

한국에서 최근 유행하는 노래

홍랑은 이 시조 외에 다른 작품이 알려진 게 없다. 그럼에도 웬만한 한국인은 그의 이름과 작품을 안다. 대입 수능시험 문제에 자주 출제되어 왔다. 2016년 가수 민수현이 〈홍랑〉이란 노래를 부르고, 최근 트로트계 샛별 임영웅이 다시 불러 유행시켰다.

쓰라린 이별에 우는 밤 / 버들가지 꺾어 보내노라
진한 사랑 진한 정을 / 어이 두고 떠나갔나요
백년이 가도 천년이 가도 / 나는 그대 여자랍니다
객창에 피는 묏버들 보면 / 날인가 홍랑인가 여기소서.

소리 없이 울면서 지샌 밤 / 방울방울 띄워 보내노라

최경창과 홍랑이 묻힌 묘역에 세워진 시비.
앞면이 고죽시비, 뒷면이 홍랑가비다.

진한 사랑 진한 정을 / 어이 두고 떠나갔나요

백년이 가도 천년이 가도 / 나는 그대 여자랍니다

객창에 우는 두견새 보면 / 날인가 홍랑인가 여기소서.

그런데 정작 조선시대에 편찬된 유행가집《가곡원류歌曲源流》《해동
가요海東歌謠》에는 실리지 않았다. 심지어 홍랑의 파트너인 최경창의
문집《고죽유고孤竹遺稿》에도 없다. 시작품은 물론 홍랑의 홍자도 없
다. 홍랑과 관련된 것으로 추정되는 최경창의 시 〈증별贈別〉(2수)은
누구와 이별할 때 지어준 것인지 맥락을 알 수 없도록 실려 있다.
원래 〈증별〉에는 최경창이 쓴 '서'가 붙어 있었고, 그 기록이 최씨
집안에서 전사본 형태로 전해져 왔는데도 달랑 시만 수록했을 뿐이
다. 그리고 〈묏버들가〉를 악부시풍으로 한역한 〈번방곡飜方曲〉을 최
경창의 창작인 것처럼 실었다. 100년 후손인 문집 편찬자는 홍랑은
물론 그와 관련된 것들을 드러내는 것이 선조 최경창의 평판에 도
움이 되지 않는다고 판단했음직하다.

折楊柳寄與千里(절양류기여천리)

爲我試向庭前種(위아시향정전종)

須知一夜新生葉(수지일야신생엽)

憔悴愁眉是妾身(초췌수미시첩신)

버드나무 가지 꺾어 천리 길 그대에게 드립니다

날 위해 뜰 앞에 심어주세요

한 밤 지나 새 잎 나거든

초췌하고 근심어린 제 모습인 줄 아세요

언뜻 읽어도 화자가 여성인 줄 알겠다. 물론 남성이 여성의 처지를 빌어 시를 짓는 일이 없지는 않지만, 문집 편집자의 시치미 떼기는 대단해 보인다. 〈묏버들가〉를 찾아가는 여정이 괴롭기는 하지만 조선시대의 사회상을 알게 되는 덤이 따른다.

최경창과 홍랑의 사랑과 이별

'홍랑에 관한' 가장 이른 기록은 조선왕조실록 1576년(선조 9년) 5월 2일에 나온다.

> 사헌부에서 임금께 말씀을 올렸다. "전적(典籍, 정6품 벼슬) 최경창은 알 만한 문관인데 몸가짐을 삼가지 않고 북방 관비와 사랑에 빠져서 때가 아닌데도 데리고 와서 거만하게도 집에 두고 있으니, 거리낌 없음이 아주 심합니다. 파직을 명하소서.

최경창이 북도평사 시절부터 북방 관비와 깊은 사랑에 빠졌고 부적절한 시기에 그를 자기 집으로 데려와서 첩으로 삼아 함께 살고 있었음을 알 수 있다. 부적절한 시기란 국휼, 즉 인순대비상(仁順大妃喪, 1575년 1월 2일~1578년 1월 1일) 중임을 말한다. 사헌부의 주청에 따라 최경창은 해당 관직에서 파면됐다.

최경창(1539~1583)은 조선 명종과 선조시대 인물로, 전남 영암

출신이다. 송순, 기대승 등에게서 학문과 시를 익히고 1568년 과거에 급제한 뒤 이이, 송익필, 최립 등과 시를 주고받았으며 정철, 서익 등과 삼청동에서 교류했다. 당시를 잘 지어 박광훈, 이달과 함께 삼당시인으로 불렸고 문장 역시 좋아 백광훈, 송익필, 이산해, 윤탁연, 이순인, 최집, 하응림 등과 함께 팔문장가로 불렸다.

최경창이 사랑했던 관비 혹은 창기가 홍랑이었음은 남학명(1654~1722)의 문집《회은집晦隱集》에서 비로소 확인된다.

최고죽이 홍랑에게 주는 시의 서문이다. "만력 계유년(1573년) 가을, 내가 북도평사로 막사에 나가 있을 때, 홍랑도 따라와 막사에 있었다. 이듬해(갑술년, 1574년) 내가 서울로 돌아왔을 때 홍랑은 쌍성까지 쫓아와 헤어지고는 돌아갔는데, 함관령에 이르렀을 때 날이 저물고 비가 내려 어둑해지자 노래 한 장을 지어 내게 보냈다. 을해년(1575년) 내가 병이 깊어 봄부터 겨울까지 침상을 벗어나지 못했는데, 홍랑이 그 이야기를 전해 듣고 그날로 발행하여 이레 만에 서울에 닿았다. 때마침 양계(兩界) 주민의 이동을 금하는 조치가 있었고 국휼(國恤)을 당해서 소상(小祥)은 비록 지났지만 평일과 달라서 홍랑 또한 온 곳으로 돌아갔다. 이별에 즈음하여 써주었다." 시는 두 수인데, 그 중 하나가

"相看脉脉贈幽蘭(상간맥맥증유란)

此去天涯幾日還(차거천애기일환)

莫唱咸關舊時曲(막창함관구시곡)

至今雲雨暗靑山(지금운우암청산)

오래도록 바라보다 유란을 주노니

이제 하늘가로 가면 언제 돌아올꼬

함관 옛 노래는 부르지 마오

안개비 흩날려 청산이 어둑어둑한 것을"

이라는 것이다. 고죽의 후손에게 들으니 홍랑은 곧 홍원의 기녀 애절(愛節)이다. 얼굴이 고왔는데, 고죽이 죽은 후에 스스로 그 얼굴을 헐고 파주에서 묘를 지켰다. 임진, 계사의 난리(1592~1593) 때에 고죽의 시고를 이고 다녔기에 병화에 잃지 않을 수 있었다. 죽어서 고죽의 묘 아래 장사지냈다. 한 아들이 있다. 《고죽집》에 시를 실을 때 서를 싣지 않았으니, 후세 사람들이 〈함관 옛 노래〉를 어떻게 알 수 있으랴. 기꺼이 기록한다.

남학명이 인용한 시는 〈증별〉의 제2수이다. 〈함관 옛 노래〉, 즉 홍랑이 최경창에게 써보낸 〈묏버들가〉와 연관성 때문에 인용했다고 보인다. 〈증별〉 제1수는 다음과 같다.

玉頰雙啼出鳳城(옥협쌍제출봉성)

曉鸎千囀爲離情(효앵천전위리정)

羅衫寶馬汀關外(나삼보마정관외)

草色迢迢送獨行(초색초초송독행)

눈물 줄줄 흘리며 서울을 나서는데

지저귀는 저 꾀꼬리 우리 이별 알란가

사흘째, 파주의 지역성과 보편성

비단 옷 좋은 말 하관 나서면

풀빛만이 홀로 가는 길을 배웅하겠구나

남학명은 최경창이 '서'에서 밝히지 않은, 홍랑에 관한 몇 가지 정보
를 아울러 전한다. 홍랑이 홍원(洪原)에 소속된, 애절이라는 기녀였
다는 것이다. 애절은 어린 기녀의 애칭으로 쓰는 관습이 있었던 만큼
최경창을 만날 때 홍랑이 어리고 아리따웠으리라 짐작할 수 있다. 홍
랑이란 이름이 최경창과 애절 사이에서만 쓰이는 호칭이었음도 알
수 있다. 홍랑과 최경창 사이에 아들이 있었다는 점도 새롭다. 이는
최경창 사후 홍랑이 시묘(侍墓)까지 하고, 최씨 집안에서 최경창의
묘 아래에 홍랑을 장사지낸 이유를 설명해 준다. 최씨 집안에서는
둘 사이에 난 아들의 이름이 최즙이라고 알려져 있다. 남학명은 필
자처럼 호기심이 무척 많았던 듯하다. 고죽의 〈증별〉을 읽다가 〈함관
옛 노래〉가 뭘까 의문이 생겨 최씨 집안을 찾아가 취재를 한 것이다.

남학명이 〈증별의 서〉 이외에 그 내용에 나오는 〈함관 옛 노래〉
가 〈묏버들가〉인지를 확인했는지 알 수 없다. 〈번방곡〉이 〈묏버들
가〉를 한역한 것인 정도는 알지 않았을까 싶다.

조선시대에는 중국과 접경한 평안도(서계)와 함경도(동계)를 양
계라 하여 특별 관리했다. 초기에 황량한 이 지방을 경영하기 위하
여 양계입거의 법을 만들어 남도인을 강제 이주시켰다. 인구 이탈
을 막기 위해 그곳 주민은 다른 지방 사람들과 결혼할 수 없었으며,
허가 없이 그 지역을 벗어난 사람은 벌을 주었고 강제로 돌려보냈
다. 하지만 양계에 파견된 서울내기 관리들이 그곳 기녀들을 사유

최경창 부부 합장묘에서 내려다본 풍경(위). 홍랑의 묘(아래)는
최경창의 묘 아래쪽에 있다. 이곳은 운정3지구 개발 예정지라 앞으로
이 묘소들은 이장될 예정이다.

하는 관행이 성행해 선조 때에 사회 문제로 부각되었다. 당시 불법적으로 서울과 경기 지역에 와 있던 양계 출신자들을 색출하여 돌려보내도록 하는 특별 조처가 내려지기도 했다. 아이까지 둔 최경창과 홍랑이 헤어진 데는 이런 까닭이 있었다. 최-홍 로맨스는 당연히 문집에서 배제되었을 터이다.

묏버들가를 찾아가는 여정

남학명 이후 홍랑의 존재를 알린 이는 장지연(1864~1921)이다. 그는 1916년 7월 18일자《매일신보》에 다음과 같은 글을 실었다.

洪娘者ᄂᆞᆫ 咸鏡道洪原妓也라. 有才貌善歌唱ᄒᆞ더라. 崔孤竹慶昌이 嘗爲守時에 眄洪娘甚愛ᄒᆞ더니 及孤竹이 歸京에 疾沈綿이라, 洪娘이 聞之ᄒᆞ고 徒行七晝夜ᄒᆞ야 到京救治ᄒᆞ야 病得蘇라. 孤竹이 將遣歸ᄒᆞᆯ시 贈之以詩曰 相看脉脉贈幽蘭, 此去天涯幾日還. 莫唱咸關舊時曲, 至今雲雨暗靑山.

及孤竹이 沒後에 洪娘이 乃毁其容ᄒᆞ고 廬其墓以守ᄒᆞ더니 遭壬癸之亂ᄒᆞ야 負孤竹詩稿ᄒᆞ고 得免於兵火타가 未幾에 死ᄒᆞ니 仍葬孤竹墓下ᄒᆞ고 有一子傳祀云이러라. 今坡州崔氏山에 有洪娘墓라 ᄒᆞ더라. 外史氏曰 成東洲崔孤竹은 皆其文章風釆ㅣ 有足以動人者나 然이나 區區錢樹子之輩가 惡能感慕至此哉아? 噫라, 貧戀寵榮ᄒᆞ야 遺棄故舊者ᄂᆞᆫ 皆春節洪娘之罪人也夫인져. (홍낭자는 함경도 홍원 기생이다. 재능과 미모가 있고 노래를 잘 불렀다. 고죽 최경창이 일찍이 고을 수령이었을 때 홍랑을 몹시 사랑했다. 고죽이 서울로 돌

아와 병으로 누운지라, 홍랑이 이를 듣고 일곱 밤낮을 걸어 서울에 이르러 병구완을 하여 마침내 병이 나았다. 고죽이 장차 그를 보낼 때 시를 써주었다. 고죽이 죽은 뒤에 홍랑이 얼굴을 훼손하고 여막을 지어 묘를 지켰다. 임진왜란을 당하여 고죽의 시를 지니고 다녀 없어짐을 면하게 했다. 머잖아 죽으니 고죽의 묘 아래 장사 지내고 아들이 하나 있어 제사 지낸다 하더라. 현재 파주 최씨 선산에 홍랑묘가 있다 하더라. 외사씨 왈, 최고죽은 문장과 풍채가 모두 뛰어나 남을 움직일 만지만 기생이 어찌 이처럼 연모하게 되었는가. 슬프다. 연애와 영화를 탐하여 친구를 버리는 자는 모두 홍랑에 비기면 죄인이다.)

홍랑이 재능과 미모가 있으며 노래를 잘했다는 것과 서울에 와 병구완을 했다는 내용이 추가됐다. 글 말미에 "최고죽이 문장과 풍채가 남들을 움직일 만했으나 기녀가 어찌하여 이처럼 연모하게 되었나. 슬프다. 연애를 탐하고 영화를 좋아하여 친구를 버리는 자는 모두 홍랑에 비기면 죄인이다"라고 덧붙여 홍랑의 신의를 기리고 있다. 장지연 역시 〈묏버들가〉에 관심을 두지 않았다. 그 존재를 몰랐을지도 모른다.

〈묏버들가〉를 대중에게 알린 이는 시조시인 가람 이병기(1891~1968)다. 《삼천리문학》 1938년 1월호에 실린 〈향토문학에 대흥야〉란 글에서 〈묏버들가〉를 산유가(山柳歌)라 이름 지어 소개한다.

距今 380여 년 전 三唐詩人의 하나인 崔慶昌(號孤竹)이 北評事로서 鏡城에 가 있다가 京城으로 돌아올 때 가치 있든 洪娘이 雙城(永

興)까지 와서 孤竹을 作別하고 돌아가다 咸關嶺(咸興洪原의 境界)
에 이르러 날은 저물고 비는 오는데 이 노래를 지어 보냈다.

묏버들 골해 것거 보내노라 님의 손되
자시는 창밧긔 심거 두고 보소서
밤비예 새닙곳 나거든 나린가도 너기소서 (홍낭)

飜方曲
折楊柳寄與千里
爲我試向庭前種
須知一夜新生葉
憔悴愁眉是妾身 (孤竹)

그리고 소식이 끈쳤더니 그 다음해에 孤竹이 병이 나서 봄으로부
터 겨을까지 病席을 떠나지 못했다. 洪娘이 이 소문을 듣고 바로
發程하여 七晝夜만에 京城에 이르렀다. 그때에 咸平兩道에는 禁
行을 하였고 또는 國恤이 지난 지 얼마 아니됨으로 이것이 말성
이 되어 孤竹은 免官까지 당했다.
　그러나 이 詩歌만은 언제까지라도 그 滋味스러운 情景을 전해
주는 것이다. 洪娘의 纖細한 그 情緖는 그가 말한 묏버들과 같이
아긔자긔하게 움즉이고 있다. 과연 그때 孤竹이 이 노래를 받어
보고 어떠하였으리. 그 노래를 번역하는 것만으로는 도저히 견디
지 못하였으리.

이병기는 오세창(1864~1953)이 소장하고 있던 전사본 자료를 통해
〈묏버들가〉를 알게 된 것으로 추정된다. 이병기는 스스로 시조시인
이었으며 시조를 널리 알리는 데 힘썼다. 이로써 홍랑이 정인인 최
경창을 위해 창작한 시조가 비로소 일반 대중들과 만나게 됐다. 창
작된 지 380년 만의 일이다. 당시 법과 관습으로 떳떳치 못한 사이
의 남녀가 내밀하게 주고받은 노래이니 그럴 만도 하다.

유라시아를 가로지르는 절류 기원

홍랑의 〈묏버들가〉가 절창인 연유는 그윽하다. 동양에서 오래전부
터 내려온 절류증별(折柳贈別) 관습을 기반으로 하기 때문이다. 버드
나무 류(柳)와 머무르다 류(留)의 음이 같은 점을 이용해 버드나무
를 꺾어 건네며 '머무르면 좋으련만'의 뜻을 전하는 전통이 있었다.
한나라 때의 사회상을 기록한 책에 따르면 서한 시대 장안 동쪽에
설치된 다리 '패교'에서 사람들이 이별할 때 주변의 버드나무를 꺾
어주었다고 한다. 당대의 시모음인《전당시》의 시 이름 가운데 버드
나무가 포함된 것은 1,095수로 식물명 가운데 1위를 차지한다. 시
경에도 아홉 개가 포함돼 있다. 절류증별을 소재로 한 한시를 예로
든다.

백거이, 青門에 있는 버드나무 青門柳(청문류)

青青一樹傷心色(청청일수상심색)

曾入幾人離恨中(증입기인리한중)

爲近都門多送別(위근도문다송별)

사흘째, 파주의 지역성과 보편성

長條折盡減春風(장조절진감춘풍)

푸릇푸릇 슬픔을 머금은 모습의 한 그루 버드나무
예로부터 얼마나 많은 이의 이별의 한을 품었을까
근래 들어 도성의 문마다 송별이 많아지니
봄바람에 긴 가지가 다 꺾이어 나가겠지

이백, 버들가지를 꺾다 折楊柳(절양류)

垂楊拂綠水(수양불녹수)

搖艶東風年(요염동풍년)

花明玉關雪(화명옥관설)

葉暖金窓烟(엽난금창연)

美人結長想(미인결장상)

對此心凄然(대차심처연)

攀條折春色(반조절춘색)

遠寄龍庭前(원기룡정전)

늘어진 버들가지 푸른 물을 스치고
요염하게 흔들리며 봄바람 부는 계절을 빛내네
버들 솜 환하니 옥문관의 눈과도 같고
잎이 따뜻하게 피니 화려한 창에 이는 안개와도 같네
미인은 오랜 그리움에 빠져 있나니
이 정경 대하며 마음 더욱 서글퍼진다

버드나무 가지 꺾고 봄 경치를 담아

멀리 룡정 앞으로 보내 보네

굳이 가지를 꺾어 건네지 않아도 버드나무는 이별 장면의 배경으로 제격이다. 더군다나 메마른 사막지대로 떠나가는 벗이라면 버드나무는 고향, 또는 생명의 상관물일 터이다.

왕유, 안서로 가는 원이를 송별하며 送元二使安西(송원이사안서)

渭城朝雨浥輕塵(위성조우읍경진)

客舍青青柳色新(객사청청류색신)

勸君更盡一杯酒(권군경진일배주)

西出陽關無故人(서출양관무고인)

위성에 내리는 아침 비 가볍게 먼지를 적시고

객사에는 푸릇푸릇 버드나무 새로워라

그대에게 권하노니 한잔 술을 더하시게

서쪽으로 양관을 나가면 아는 이도 없으리니

'절류 기원' 풍속은 어쩌면 더 오랜 뿌리를 갖고 있는지도 모른다. 유라시아 전역에 걸쳐 버드나무를 신목으로 숭배하는 풍속이 있기 때문이다. 인류 최초의 서사시로 알려진 《길가메시 서사시》의 '길가메시와 지하세계'에는 하늘의 여신 이난나와 버드나무에 대한 이야기가 있다.

세상에 단 한 그루뿐인 버드나무가 유프라테스 강가에 있었는데, 폭풍으로 뿌리가 뽑혔다. 이난다는 이를 물에서 건져내 인류 최초의 도시국가 중 하나인 우룩에 심었다. 버드나무는 크게 자라 나쁜 것들이 찾아들었다. 뿌리에는 뱀, 가지에는 천둥새, 둥치에는 악령여인이 둥지를 틀었다. 이난다는 아버지 하늘신 아누와 형제 태양신 우투에게 도움을 청하지만 거절당한다. 우룩의 영웅 길가메시가 이난다의 청을 들어 도끼로 뱀을 쳐 죽이자 새와 악령이 도망갔다.

우리나라도 그렇다. 고구려의 국모신에 해당하는 유화부인을 버드나무 꽃 부인 혹은 여신이라 하겠다. 신라의 시조 박혁거세가 강림한 산도 양산(楊山), 즉 버드나무 산이다.《규원사화揆園史話》에는 신시씨 단군이 쑥대와 버드나무 궁궐에 거처했다는 기사가 나온다.

홍랑이 최경창에게 건넨 묏버들이 이처럼 깊은 연원을 가진데 비해 최경창이 홍랑을 떠나보내며 건넨 유란(幽蘭)은 양반의 고고하고 우아한 취미를 반영할 따름이다. 최경창의 시가 사람들의 입에 오르내리지 않는 것은 비단 그의 시편이 한문으로 쓰인 탓만은 아니다. 버드나무 흰 꽃가루가 흩날리는 양화진에서 글을 정리하니 그 까닭을 정히 알겠다.

덧글

고죽과 홍랑 묘소가 이장을 앞두고 있다. 신설되는 GTX(수도권 광역급행철도) A노선(파주 운정-경기 동탄)이 두 분 묘소가 있는 파주시 교하읍 다율리 해주 최씨 수양공과 선산을 통과하는 데 따른 것이다.

두 분 묘소는 원래 파주시 월롱면 영태리에 있었으나 1969년 이곳에 미군부대(캠프 에드워드)가 들어옴에 따라 국방부에 의해 미군부대 부지로 강제로 수용됐다. 2023년 재이장을 하게 되면 52년 만에 사후 안식처를 또다시 옮기는 셈이다.

문중 관계자의 말에 따르면 이장을 위해 파주읍 법원리 산 295-2에 새로운 장소를 마련해 두고 있다. 하지만 주민들의 반대가 있어 적성면에 소재한 또 다른 땅을 검토중인데, 적성면은 파주읍에서 멀리 떨어져 제3의 후보지로 이미 조성된 백석리 선산도 염두에 두고 있다. 고죽-홍랑을 '내고장 인물'로 꼽고 있는 파주시에서는 적어도 파주시 이외의 곳으로 이장하지 않기를 바란다.

이장할 경우 현재처럼, 즉 최경창 부부 합장묘 아래 홍랑 묘소를 모시는 방식을 그대로 유지할 계획이라고 전했다. 두 분 묘는 고죽의 직계 후손이 절사(節祀)하고 있으며 고죽-홍랑 사이에서 비롯한 서출 후손은 직계 후손과 마주치지 않도록 시간을 달리해 절사를 한다고 한다. 홍랑이 고죽 사후 시묘살이를 하고 임진왜란 혼란 중에 고죽의 시고(詩稿)를 건사한 공을 인정받아 선산 발치에 묻힌 데 반해, 후손은 해주 최씨 족보에 오르지 못한 채 탄현에 집성촌을 이루어 살고 있는 것으로 알려졌다.

사흘째, 파주의 지역성과 보편성

혜음원지에서 수습된 기와 조각.
글자가 새겨져 있거나, 용머리, 막새 등 이형은 박물관으로 옮겨가고,
일반 수키와, 암키와 조각은 현장에 쌓아두있다.
의주로는 파주의 과거이자 미래다.

소원을 말해봐,
용미리 마애이불

파주시 광탄면 용미리 산8

한국인의 정서에는 풍수 사상이 깔려 있다. 신라까지 거슬러 올라가니 알 만하다. 인간과 자연이 구분 없이 하나가 되어 살아가는 이상향을 추구함이 기본일 터인데, 조선시대 들어 가장 저급한 형태인 복을 받는 명당 찾기로 전락했다. 바람이 자고 물을 얻은 곳, 즉 장풍득수(藏風得水)의 지형을 명당으로 쳤다. 그러자니 땅의 생김새를 크게 보는 시각이 일반화 돼 있다. 풍수에서 산맥은 용으로 본다.

경기도 고양시와 파주시 일대에 커다란 용 한 마리가 서울을 향해 누워 있다. 머리는 고양시 용두동, 배는 고양시 용복원, 꼬리는 파주시 용미리다. 서울과 의주를 잇는 의주로 옛길을 따라 고양시와 파주시 접경인 혜음령을 넘으면 그 용의 꼬리, 용미리다.

용꼬리에 선 큰 바위

오늘의 주인공 용미리 마애이불입상(보물 제93호)은 용꼬리에 있다. 국도 바로 옆 장지산 자락에 불쑥 솟아 있다. 특히 여름에는 나무에 가려 잘 보이지 않는다. 용암사 일주문 즈음에 이르면 왼쪽 편 산 위에 희끗한 형체로 보이기 시작한다. 사진으로 보던 것과 달리 별 거 아니다 싶은 생각이 든다. 계단을 올라 막상 불상 앞에 서면 그 크기에 압도된다. 17미터 높이의 화강암 절벽 전체가 두 불상이다. 뭉쳐 있던 땅의 기운이 불쑥 튀어나와 부처의 모습으로 현현한 듯 하다. 나만 그런 느낌인가 했더니 그게 아니다.

蒼崖化出石將軍(창애화출석장군)
萬古銷沈獨有君(만고소침독유군)
却羨無心塵世事(각선무심진세사)
山頭斜日伴閑雲(산두사일반한운)

벼랑이 바뀌어 튀어나온 석장군
모든 것 사라지고 그대 홀로 남았구려
부러워라 티끌세상 무심한 채
산머리 해질 녘 구름과 짝을 삼네

파주 삼현 가운데 한 명인 성혼이 그곳을 지나다 감회를 읊은 시다. 그에게 마애불은 벼랑에서 튀어나온 듯한 느낌을 주었던 모양이다. 화목을 땔감으로 삼아 도로와 마을 주변의 야산이 헐벗었던 조선시

나흘째, 의주길을 걷다

용미리 마애불 옆모습

대에 용미리 마애불은 멀리서도 뚜렷이 보여 길손들의 랜드마크 구실을 하지 않았을까. 선조의 부름을 받아 파주 자신의 집에서 서울로 올라가고, 주어진 벼슬을 사양하고 고향으로 돌아갈 때 '티끌세상 무심한 채' 고고하게 서 있는 모습으로 비쳤을 터이다.

이만용(1604~1672)은 〈파주 석미륵〉 제목 하에 이렇게 읊었다. 이만용은 조선 후기 시인으로 개인문집 《동번집東樊集》을 남겼다.

山上雙身石彌勒(산상쌍신석미륵)

滿天風雨立空寥(만천풍우립공요)

常彈指似推窮劫(상탄지사추궁겁)

不皺顏應駐舊韶(불추안응주구소)

村女賽歸猶夢現(촌녀새귀유몽현)

路人看送幾魂銷(로인간송기혼소)

天然而目眞堪語(천연이목진감어)

雲是袈裟月是瓢(운시가사월시표)

산 위에 석미륵 두 분

하늘 가득 비바람에 우뚝

늠름한 자태 하늘을 받친 듯

얼굴엔 옛 이야기 머금었네

비나리 아낙 꿈에 보이고

지친 길손 얼마나 배웅했을까

부리부리 눈매 말거는 듯하고

성혼은 석장군, 이만용은 석미륵으로 표기하고 있다. 석불상은 보는 사람에 따라 장군(장승) 또는 미륵으로 인지했다는 얘기다. 마애이 불에는 한 가지 전설이 구전돼 온다.

고려 선종이 후사가 없어 원신궁주를 들였으나 역시 자식이 없었 다. 어느 날 원신궁주 꿈에 도승 둘이 나타났다. 한 사람은 원관을 쓰고, 한 사람은 방관을 썼다. 가사를 입고 합장을 하며 말하기를 "우리는 파평군 분수원 장지산 남쪽자락 암석 사이에 살고 있는 데, 오랫동안 향불이 끊겨 궁주의 자비심으로 공양하면 그 은덕을 받을 것이다"라고 말한 뒤 사라졌다. 꿈에서 깬 궁주는 이를 선 종에게 알리고 국왕은 즉시 사람을 보내 조사하니 장엄한 바위가 쌍립했다. 그 모양이 비범하여 꿈속 도승을 본떠 입상을 조각하고 부근에 절을 지어 기원하여 그 해에 한산후(원신궁주의 아들)가 탄 생했다. 이야기는 세간에 전해져 아들을 기원하는 이가 무수하고 부근 약수도 그 효력이 뛰어나다.

선종(1049~1094)은 고려 제13대 왕이며 세 명의 왕비가 있었다. 이 예의 딸 정신현비와 이석의 딸 사숙왕후, 이정의 딸이자 이자의의 여동생인 원신궁주다. 왕비는 모두 경원 이씨들인데, 정신현비에게 서는 후사를 얻지 못하였고 사숙왕후한테서는 훗날의 헌종(1084~ 1097)을, 원신궁주와는 설화에 등장하는 한산후 윤을 얻었다.

이 전설로 인해 용미리 석상은 고려시대 왕가에서 아들을 낳기 위해 조성된 것으로 알려졌다. 조각 방식, 표현된 옷 주름, 갓 모양을 두고 그렇다는 얘기도 있었다. 하지만 석상 오른쪽 바위에 새겨진 한문을 판독하면서 사정이 달라졌다. 명문은 크게 두 부분으로 구성돼 있다.

(1)

成化七年七月(성화칠년칠월)

發願文(발원문)

願此同類見佛土 不向三世三有閣(원차동류현불토 불향삼세삼유각)

直入西方九品中 自他一時成正覺(직입서방구품중 자타일시성정각)

又願彌勒龍華之中類在初會作上之正法(우원미륵용화지중류재초회 작상지정법)

貞敬夫人李氏(정경부인 이씨)

大比丘尼道明(대비구니 도명)

化主惠心(화주 혜심)

1471년 7월 7일

발원문

저희들은 부처님 나라에 태어나기 원합니다.

중생세간을 향하지 않기를 바랍니다

곧바로 서방 구품 중에 왕생하여 함께 일시에 정각 이루기를 기원합니다

나흘째, 의주길을 걷다

또 원하옵기는 미륵부처님이 용화수 아래에서 설법하실 때

무리 가운데 첫 모임에 참석하여 높은 정법 이루길 원합니다

정경부인 이씨

대비구니 도명

화주 혜심

(2)

一人有慶 大妃無憂(일인유경 대비무우)

大施主咸陽君(대시주 함양군)

泰仁郡夫人李氏(태인군부인 이씨)

梁氏(양씨)

大施主上護軍沈長己(대시주 상호군 심장기)

金氏(김씨)

通津安氏潘南朴氏 前中興寺住持大師 ○○僅雲 ○惠大師(통진안씨

반남박씨 전중흥사주지대사○○근운○혜대사)

副正柳安 旌善韓氏(부정 류안 정선한씨)

上護軍李孝志兩主(상호군 이효지 양주)

司直鄭仏仲兩主(사직 정불중 양주)

忠贊衛金仲山兩主(충찬위 김중산 양주)

司直許繼智兩主(사직 허계지 양주)

李氏崔知(이씨최지)

正兵金德守兩主(정병 김덕수 양주)

○○韓仁重兩主(○○ 한인중 양주)

임금님께 경사가 생기기를, 대비께는 근심이 없어지기를

대시주 함양군

태인군부인 이씨(이하 생략)

발원문의 내용과 등장인물을 파악하면 미륵불의 조성 배경을 알 수 있을 테다. 첫째 발원문은 윤회에서 벗어나 미륵불이 지배하는 용화 세상에 바로 태어나기를 바란다는 종교적인 기원으로 일반적인 내용이어서 조성 연대나 배경을 파악할 근거가 되지 않는다.

두 번째 발원문 "임금님께 경사가 생기기를, 대비께는 근심이 없어지기를"은 세속적인 내용이어서 배경을 추적해 볼 만한 실마리가 된다.

대규모 불사는 누가 일으켰나

성화 7년은 서기 1471년. 당시 조선의 임금은 성종(1457~1494, 재위 1469~1494)이며 재위 2년에 해당한다. 열세 살 어린 나이에 즉위하여 정희왕후(1418~1483), 즉 할머니(세조비)의 섭정을 받고 있었다. 성종은 즉위 2년 전 잘산군 시절 한명회(1415~1487)의 딸 공혜왕후(1456~1474)와 결혼한 상태였다. 아직 아기가 없었다.

그렇다면 발원문의 임금은 성종, 대비는 정희왕후라는 추정이 가능하다. 경사는 득남, 근심은 '왕실의 불안'이 아닐까. "임금님께 경사가 생기기를, 대비께는 근심이 없어지기를"은 동전의 양면인 셈이다. 설득력 있지만 어디까지나 추정이다. 임금이나 대비는 특수한 명사이지만 특정인을 지칭하는 대명사가 아니기 때문이다.

대시주 함양군이 열쇠다. 그는 태종의 장남 양녕대군(1394~ 1462)의 둘째 아들 이포(1416~1474)다. 양녕대군이 병에 걸리자 세조가 온천행을 권유하는데 이때 함양군이 보필했다는 기록이 있다. 이로 미루어 장남인 형, 순성군을 대신해 아버지를 모신 것으로 추정된다. 순성군은 첩의 소생을 두었을 뿐이고 함양군은 적자를 둔지라, 관례에 따라 집안 봉사를 맡지 않았을까. 1471년이면 55세, 종실의 큰 어른 구실을 했을 것이다. 그러니까 발원문에 종실 대표로 이름을 올린 것이다. 이로써 두 번째 발원문은 성종의 득남을 기원하는 내용임이 확실해진다.

나머지 인물들은 큰 관심이 없다. 하지만 첫 발원문에 이름을 올린 정경부인 이씨는 궁금증을 일으킨다. (참고로 조선시대 기록은 특별한 경우를 빼고는 여성들의 이름을 남기지 않았다. 박씨, 이씨, 김씨 등 아비의 것을 따른 성씨만 기록했을 뿐이다.) 특별한 명사이지만 대명사가 아니기 때문이다. 정경부인이란 정3품 이상 벼슬아치의 아내에게 자동으로 부여하는 호칭. 정3품 이상의 벼슬아치 가운데 이씨 성의 아내를 둔 사람은 누구일까. 한국사 연구자 이경화 씨는 한명회라고 추정한다. 바로 세 번째 아내가 이씨다.

발원문은 당시 조선 왕실의 내면으로 들어가는 입구일지도 모른다. 첫째 발원문은 장모가, 둘째 발원문은 종실어른이 첫 번째로 이름을 올렸으니 대단한 것만은 분명한데, 뭔가 빠진 듯하지 않은가. 바로 한명회와 정희왕후다. 이러한 배경과 규모의 불사라면 왕실 재정이 투입됐을 테고 당시 실세인 이들의 동의를 얻지 않고는 성사되기 어려웠을 것이다. 하지만 대놓고 자신들의 이름을 올릴

용미리 마애불

수 없지 않았을까. 배후 실세이긴 하지만 이름을 내걸 명분이 없기 때문이다. 그러니까 정경부인 이씨는 한명회, 함양군은 정희왕후의 대리인인 셈이다.

한명회는 수양대군의 쿠데타를 성사시킨 모사꾼으로 단종 복위 시도를 좌절시키고 사육신을 주살하는 데 협조했다. 세조, 예종, 성종 등 3대에 걸쳐 원 없이 권세를 누렸다. 호를 갈매기를 벗한다는 뜻의 압구라고 했던가. 첫째 딸(장순왕후, 1445~1462)은 예종에게, 둘째 딸(공혜왕후, 1456~1474)은 성종에게 출가시켰다. 2대에 걸쳐 왕을 사위 삼았고, 삼촌지간인 예종과 성종은 동서가 됐다.

정희왕후 윤씨는 누군가. 파평 윤씨 윤번(1384~1448)의 3남 7녀 중 막내딸로 덩치가 크고 대범한 편이었다. 열한 살에 궁에서 감찰각시가 왕실 며느릿감으로 언니를 보러 왔을 때 그 자리에 끼어들어 '물건'임을 내보임으로써 언니 자리를 차지했다. 세종의 둘째 며느리, 즉 수양대군의 처가 됐다. 본디 궁 밖에 살았지만 시부모인 세종 부부의 총애를 받아 자주 궁에 불려가 궁중의 법도를 익혔으며 첫째, 둘째 아이를 궁중에서 출산했다.

세종을 이은 문종이 2년 만에 사망해 열두 살 단종이 즉위하면서 왕권의 공백이 생겼다. 안평과 수양대군의 각축에서 수양이 쿠데타(계유정난)로 실권을 잡고 결국 왕위에 오른다.

이때 윤씨의 막후 역할이 컸던 것으로 보인다. 당일 저녁, 정변 계획이 노출되자 측근들 사이에 강행할지, 다음 기회를 노릴지 의견이 갈렸다. 이때 문밖에서 정희왕후가 갑옷을 들고 기다리고 있다가 남편에게 입혀줬다고 한다. 이로 미루어 남편이 사랑방에서 누구와 무엇을 하는지 알고 있었다 하겠다. 남자들끼리 모의가 끝나면 수양은 안방에서 아내와 이를 다시 논의했다는 추론이 가능하다. 수양은 왕위에 오른 뒤 아내에게 어떤 사안에 대한 정치적 견해를 묻고 그의 의견을 받아들였다. 농촌 시찰, 여우 사냥, 활쏘기 등 왕의 야외 활동에도 늘 곁에 있었다. 동반자 관계라고나 할까.

하지만 정희왕후의 개인적인 삶은 불행했다. 세조는 자신의 조카와 그 측근들을 죽이고 왕위를 찬탈했다는 죄의식이 있었으며 그 의식은 당연히 정희왕후에게 투사되었을 테다. 악성 피부병에 걸려 전국 산천을 순례하고 자주 악몽에 시달렸으니 그 수발은 왕후의 몫이었을 거다. 큰아들 의경세자가 스무 살 나이에 죽었고 3년 뒤 아이를 낳던 둘째 며느리를 잃었고 그 3년 뒤에는 세 살 된 인성대군을 잃었다. 이어 세조가 재위 13년인 1468년 사망해 51세에 과부가 됐다. 대를 이은 예종이 14개월 만에 급사했다.

이 대목에서 대왕대비로서의 역할이 중요했다. 후계자 지명권자이기 때문이다. 종법으로 따지면 예종의 아들 제안대군(당시 4세)이 왕위를 계승해야 하나, 정희왕후는 1순위 제안대군은 물론 2순위인 의경세자의 첫째 아들 월산대군(당시 16세)을 제치고 둘째 아들 잘산대군(당시 13세)을 선택했다. 정희왕후는 일찍이 잘산대군에게서 왕의 자질을 보았다고 한다. 궁에서 내시가 벼락에 맞아 죽은 일이 있었는데, 다들 외면하는 가운데 잘산대군이 유심히 살펴보더라는 것이다. 게다가 실권자인 한명회의 사위였기에 왕권을 유지하는 데 도움을 받을 거라는 판단도 작용했다고 본다. 즉위식은 예종 사후 7시간 만인 오후 4시에 거행됐다. 왕 사후 승계까지 통상 6일이 걸리고, 중종반정, 인조반정 등 정변 때에도 하루 정도 걸렸던 점에 비추면 극히 이례적이다. 반대 세력에게 빌미를 주지 않으려는 선택이었다고 본다.

정희왕후는 수렴청정 원년에 3년상이어야 하는 예종의 장례를 1년으로 축소했고, 청정 2년(성종 2년)에 '왕의 재목감'이라는 귀성군(1441~1479)을 역모로 엮어 귀양을 보냈다. 청정 기간은 7년이었지만 3년째부터 성종의 홀로서기를 도모했다.

미켈란젤로 버금가는 대가의 솜씨

미륵불은 왜 용미리에 세워졌을까. 물론 미륵불의 재료인 바위가 거기 있었기 때문이다. 정희왕후가 파주의 친정을 오가면서 눈여겨 보았음직하다. 의주로 변에 있어 멀리서도 눈에 잘 띄었을 거다. 무엇보다 바위가 이미 사람들의 기원 대상임에 주목한 것으로 추정한다. 다시 말하거니와 길가에 있어 랜드마크 구실을 할 정도의 거석이면 당연히 치성 대상이 되었을 것이다. 더군다나 거대한 용꼬리에 위치하여 응축된 기가 현현한 기세이며, 울끈불끈 생김새가 남성적인 느낌을 주지 않는가. 이로 말미암아 오가는 행인들이 노정의 안녕을 빌고, 아들 낳기를 바라는 아낙네들이 그 아래에 촛불을 켜지 않았을까.

이러한 추정은 조각 방식에서도 드러난다. 바위의 형태를 크게 변형시키지 않고 절벽 위에 두상을 얹어 인체를 구현했다. 바위는 정면에서 보아 원뿔형인데 세로로 갈라져 세 조각으로 돼 있다. 왼쪽 덩이는 규모가 작고 좁아 인체를 조성해 내기엔 부적절하고 오

두 마애불의 시선은 의주로와 용미1리 마을을 향하고 있다.

른쪽 두 덩이는 제법 규모가 있어 미륵상을 뽑아낼 정도로 판단했을 법하다. 하여 가운데 우람한 부분은 남성으로, 우람한 부위에 기댄 형상의 오른쪽 덩이는 여성으로 조상했다. 남성상은 불룩한 바위 윗부분을 살려 남성적인 가슴 모양으로, 여성상은 정면 돌출 부분을 살려 두 손을 모은 합장 자세로 구현했다. 합장한 손이 인체의 정중앙이 아닌 오른쪽으로 치우친 것도 바위의 원래 생김새가 그러했기 때문이다. 남성상의 옷 주름은 원래 바위의 세로 주름을 자연스럽게 활용하고, 여성상의 팔과 어깨 역시 바위의 균열을 그대로 이용했다. 조각에 일가견을 가진 인물의 작품이다. 최소한의 가공으로써 형상을 구현한 솜씨가 대가급이다.

앞에서 인용한 전설에 다시 주목해 보자. 암석 사이에 도승 두 명이 살고 있었다. 자식 없는 이의 꿈에 나타나 공양하면 소원성취할 것이라고 말한다. 이에 도승을 본떠 상을 조성하고 치성하니 아들을 낳았다는 내용이다. 그러니까 본디 바위에 들어 있는 인체상을 드러냈다는 얘기다.

미켈란젤로(1475~1564)의 말이 떠오른다. "나는 대리석에서 천사를 보았고, 그 천사가 풀려날 때까지 조각을 했다.I saw the angel in the marble and carved until I set him free." 그에게 조각이란 돌 속에 갇힌 형상을 드러내어 생명을 부여하는 행위라는 것이다. 우리 조선은 미켈란젤로가 아직 꼬맹이였을 때 미켈란젤로에 버금가는 대가급의 조각가를 갖고 있었다.

고려 건축의 흔적
혜음원지

파주시 광탄면 용미리 234-1

파주 혜음원지(사적 464호)는 혜음령에서 북쪽으로 약 1.2킬로미터 정도 떨어진 경기도 파주시 광탄면 혜음로 454번길 18-55 일원에 위치하고 있다. 1999년 동국대학교 학술조사단과 한양대학교 박물관이 실시한 지표 조사에서 '惠陰院'이라 새겨진 암막새가 수습되어 그 위치가 파악되었다. 2001~2014년 9차례 발굴 조사 결과 35동의 건물지를 비롯하여 우물지, 연못지, 배수로, 외곽담장지 등의 유구가 확인되었고, 막새기와·명문기와·청자·중국자기·금동불상 등을 포함하여 수많은 유물이 출토되었다.

범 내려오던 고갯길

혜음원은 옛 문헌에 여러 차례 등장한다.《동국여지지》에는 혜음원을 두고 "주 남쪽 26리에 있다. 고려 정포(鄭誧)의 시에, '말을 몰아 자박 자박 작은 시내 건너(驅馬悠悠渡小溪) 저녁 햇살 묵은 비석 풀만 무성한데(斜陽古碣草萋萋) 산마을 사월 행인이 적고(山村四月行人少) 숲속 꾀꼬리는 홀로 우누나(深樹黃鸝自在啼) 했다"고 적었다. 정포(1309-1345)의 시 〈혜음원도중〉은 그가 시를 지을 무렵 혜음원이 황폐했음을 보여준다. 《신증동국여지승람新增東國輿地勝覽》은 《동국여지지》와 기록이 같은데 다만 이규보의 시가 추가돼 있다. 그의 시는 다음과 같다.

故園三徑忍教荒(고원삼경인교황)

匹馬何之又夕陽(필마하지우석양)

柳色依依風挽翠(류색의의풍만취)

松花撲撲雨粘黃(송화박박우점황)

葵收鴨脚村烹好(규수압각촌팽호)

酒漉魚涎野釀香(주록어연야양향)

迎侍慈顏歸洛下(영시자안귀락하)

此遊不是費年光(차유불시비년광)

옛 동산 가는 길 풀 무성한데

어찌 갈거나 또 날 저물었네

버들잎 일렁일렁 바람에 푸르고

송홧가루 날려 빗물이 누렇구나

아욱에 은행 삶고

막걸리 어탕국 냄새 좋구나

어머니 모시고 서울 돌아올 새

자비로운 얼굴 예 같지 않구나.

이규보(1169-1241)의 시에서 고원(故園)이 혜음원을 뜻한다면, 혜음원이 이규보 생시에 이미 제 기능을 잃었음을 암시한다.

　김부식(1075-1151)이 1144년에 쓴 〈혜음사신창기惠陰寺新創記〉는 혜음원의 소종래를 알려주는 기록으로 인용되고 있다.

　봉성현(峰城縣)에서 남쪽으로 20리쯤 되는 곳에 조그마한 절이 있었는데, 허물어진 지가 벌써 오래였으나 지방 사람들은 아직도 그곳을 석사동(石寺洞)이라 불렀다. 동남방에 있는 모든 고을에서 서울로 들어오는 사람이라든지 또는 위에서 내려가는 사람이 모두들 이 길을 사용하기 때문에 사람들은 어깨가 서로 스치고, 말발굽이 서로 닿아서 항상 복잡하고 인적이 끊어질 사이가 없는데, 산언덕이 깊숙하고 멀며, 초목이 무성하게 얽혀 있어서 호랑이가 떼로 몰려다니며, 안심하고 숨어 있을 곳으로 생각하여, 몰래 숨어서 옆으로 엿보고 있다가 때때로 나타나서 사람을 해친다. 이뿐 아니라 간혹 불한당들이 이 지역이 으슥하여 잠복하기가 쉽고 다니는 사람들이 지레 겁을 먹고 두려워하는 것을 이용하여, 여기에 와서 은신하면서 간악한 짓을 감행하기도 했다. 이리하여 올라오는 사람이나 내려가는 사람이 주저하고 감히 전진하지 못하며, 반드시 많은 동행자가 생기고 무기를 휴대하여야만 지나갈 수 있도록 서로 경계하였는데도, 오히려 살해를 당하는 자가 1년이면 수백 명에 달하게 되었다.

글은 첫머리에서 혜음사의 창건 배경을 언급한다. 왕도인 개경과 남경을 잇는 의주로 중 혜음령 구간이 몹시 붐비는데, 호랑이와 도적이 출몰해 한 해 수백 명이 죽는다고 했다. 고려 전기 개경에서 남경으로 가는 길은 두 개다. 첫째는 개경-적성-양주-의정부-남경. 임진강 상류라 강을 건너기 쉽고 고개가 적고 길이 평탄하다. 영남으로 가는 길로서 편리하여 고려 이전부터 널리 쓰였다. 두 번째는 개경-장단-임진나루-혜음령-고양-남경. 이 길은 임진강 하류를 거치고 고갯길이 많지만 남경까지 거리가 가까워 문종 이후 남경 경영과 관련해 새로 개척된 길이다. 마주치는 행인이 서로 어깨가 스치고 말발굽이 부닥칠 정도로 붐비는데 1년에 수백 건의 호환과 살인이 발생한다니 둘 중에 하나는 과장인 듯하다. 절의 창건을 도드라지게 하자니 이해 못할 바는 아니다.

혜음사 건립 목적

김부식의 글은 이어져 혜음사가 지어진 시말이다. 예종(재위 1079~1122)이 이와 같은 보고를 받고 이소천으로 하여금 혜음사를 짓게 했다는 얘기로, 국고를 축내지 않고 승려들을 동원해 2년(1119~1120)에 걸쳐 절을 지었다. 소천의 주청에는 '깨진 창문 이론'이 포함돼 주목된다. 허물어진 절을 새로 짓고 그 주변이 흥하면 범죄가 없어진다는 주장이다. 여행자를 위한 숙소 얘기는 없다.

선왕(先王)인 예종(睿宗)이 왕위에 오르신 지 15년인 기해년 가을 8월에 측근의 신하인 소천(少千)이 임금의 사명을 받들고 남쪽지방에 갔다가 돌아왔다. 임금께서 "이번 길에 민간의 고통스러운 상황을 들은 것이 있느냐" 물으시니, 곧 이 사실을 보고했다. 임금께서는 이를 딱하게 생각하시고, "어떻게 하면 폐해를 제거하고 사람이 안심하게 할 수 있느냐" 하셨다. 아뢰기를, "전하께옵서 다행히 신의 말씀을 들어주신다면 신에게 한 가지 계교가 있습니다. 국가의 재정도 축내지 아니하고 민간의 노력도 동원시키지 않고, 다만 중들을 모집하여 그 허물어진 집을 새로 건축하고 양민을 모아들여 그 옆에 가옥을 짓고 노는 백성들을 정착시키면, 짐승이나 도둑의 해가 없어질 것이며, 통행자의 난관이 해소될 것입니다" 했다. 임금께서는 "좋다. 네가 그것을 마련해 보라" 하셨다. 이리하여 그는 공무를 띠고 묘향산(妙香山)에 가서 대중 가운데서 이르기를, "아무 곳에 큰 장애물이 있는데, 나라에서는 차마 토목 공사를 가지고 백성을 괴롭힐 수가 없다. 옛날 스님들은 곤란한 처지에 빠진 것을 보면 반드시 두려워하지 않는 희생심을 발휘하였는데, 여기는 누가 나를 따라 저곳에 가서 일을 해보겠는가" 하였더니, 절의 주지 혜관(惠觀) 스님이 기꺼이 그를 따랐으며, 그 무리 중에 따라가려는 사람 200명이나 되었다. 혜관 스님은 늙어서 가지 못하고 부지런하며 진실하고 기술이 있는 사람으로, 증여(證如) 등 16명을 선발하여 경비를 마련하여 보냈다. 겨울 11월에 그곳에 이르러 초막을 짓고 머물렀다. 임금께서 중 응제(應濟)에게 명하여 그 일을 맡아보게 하고 제자인 민청(敏淸)을 부책임자로 삼았다. 연장을 벼리고 목재와 기와를 모아들여 경자년 봄 2월에 착공하여 임인년 봄 2월이 되어서는 일을 모두 마쳤다. 절이

불당과 유숙하는 건물부터 주방, 창고에 이르기까지 모든 장소가 마련되었고, 또 생각하기를, "임금께서 남쪽으로 행차하신다면 행여 한번이라도 이곳에 머무르실 일이 없지 않을 것이니, 이에 대한 준비가 있어야 된다" 하여 드디어 따로 별원(別院) 한 개소를 지었는데, 이곳도 아름답고 화려하여 볼 만하게 되었다. 지금 임금께서 즉위하시어 절 이름을 혜음사(惠陰寺)라 내리셨다.

혜음사를 짓게 한 예종은 머리가 말랑말랑한 인물이다. 윤관으로 하여금 여진을 정벌케 하고, 국학에 학과별 전문 강좌를 두어 관학을 진흥하였으며, 혜민국을 설치해 빈민을 치료했다. 청연각과 보문각을 짓고 학사를 두고 양현고라는 장학재단을 설립하여 유학을 크게 일으켰으며, 송나라에서 대성악을 들여와 궁중음악으로 삼았다. 신숭겸과 김낙을 기리는 노래 〈도이장가(悼二將歌)〉를 지었다. 임금이 이러하니 혜음사를 짓기로 하등 이상할 게 없다. 특기할 점은 "임금께서 남쪽으로 행차하신다면 행여 한번이라도 이곳에 머무르실 일이 없지 않을 것이니, 이에 대한 준비가 있어야 된다"며 혜음사와 함께 별원을 지었다는 것이다. 이 부분은 뒤에서 다시 다룬다.

아, 깊은 숲속이 깨끗한 집으로 변하였고, 무섭던 길이 평탄한 길이 되었으니, 그 이익이 또한 넓지 아니한가. 또한 양곡을 비축하여 놓고 그 이자를 받아서 죽을 쑤어서 여행자에게 공급하던 것이 지금은 거의 없어지게 되었다. 소천(少千)이 이것을 영원히 계속하려 하였더니 정성에 감동된 바 있어 희사하는 사람들이 자꾸만 생겼다. 임금께서 이를 들으시고 상당히 후하게 은혜로운 희사를 하시고 왕비 임씨(任氏)도 듣고 기뻐하여 말씀하시기를, "그곳에서 실시하는 모든 일은 내가 담당하리라" 하시고, 다 없어져 가는 식량을 보태주시며 파손되어 못쓰게 된 기구를 보충하여 주셨다. 이리하여 모든 것이 다 구비되지 않은 것이 없게 되었다.

혜음사에서 무슨 일을 했는지에 대한 언급으로, 양곡을 쌓아두고 죽을 쑤어 여행자들에게 제공했다는 거다. (역시 여관 얘기는 없다.) 갸륵한 뜻에 감동한 이들의 기부가 이어졌다. 예종이 혜음사를 지은 지 2년 뒤에 죽고 그의 장남 인종(재위 1122~1146) 역시 그 뜻을 이었다는 얘기다. 그런데 절을 짓고 대민 봉사를 하는 중심인물 소천은 누구인가.

소천(少千)은 성은 이씨(李氏)이다. 아버지인 이성(李晟)은 문장을 잘 지었고 과거에 합격하여 좌습유 지제고(左拾遺知制誥)까지 되었다가 죽고, 소천은 벼슬이 7품관에 이르렀다. 공무를 보고 남은 시간에는 부처님을 정성으로 섬겼다. 지금은 베옷을 입고 채소 음식을 먹으며 스스로 칭호를 거사(居士)라 한다. 그의 실천이 철저하여 임금에게 알려져서 그는 이와 같은 업적을 세웠다.

혜음원의 용도를 추적하다

나는 위에서 두 가지 기록, 즉 혜음원을 기록한 《동국여지지》와 혜음사를 기록한 〈혜음사신창기〉를 인용했다. 좀 이상하지 않은가. 혜음원의 연원을 추적하면서 〈혜음사신창기〉를 언급하는 것이 사리에 합당하지 않다. 하지만 사람들은 이 두 기록이 지칭하는 대상을 같은 것으로 간주해 왔다.《동국여지지》에 기록된 혜음원은 일정한 거리마다 두어 지방출장 가는 관리들이 묵어가는 숙박시설을 이르고 〈혜음사신창기〉에 기록된 혜음사는 스님들을 위한 절이며 죽을 쑤어 여행자들에게 나눠준 봉사기관을 말한다. 그러니까 혜음원과 혜음사는 별개다.

사적 464호로 지정된 혜음원지는 혜음원인가 혜음사인가. 나는 혜음원이자 혜음사라고 본다. 실제로 '혜음원지'에서 '혜음원'과 '혜음사' 글씨가 새겨진 기와가 각각 발굴됐다. 그 기와들은 발굴된 곳에 있던 혜음원과 혜음사 건물에 각각 있었던 것이라고 보는 게 타당하다. 문제는 혜음원지의 혜음원이《동국여지지》에 기록된 관리들의 숙박시설 혜음원과 다른 혜음원이라는 것이다. 동명이처다.

김부식의 〈혜음사신창기〉에서 해당 부분을 다시 보자.

절이 불당과 유숙하는 건물부터 주방, 창고에 이르기까지 모든 장소가 마련되었고, 또 생각하기를, "임금께서 남쪽으로 행차하신다면 행여 한번이라도 이곳에 머무르실 일이 없지 않을 것이니, 이에 대한 준비가 있어야 된다" 하여 드디어 따로 별원 한 개소를 지었는데, 이곳도 아름답고 화려하여 볼 만하게 되었다.

절 '혜음사'와 함께 따로 별원을 지었다고 분명하게 언급한다. 그리고 그곳 역시 아름답고 화려하여 볼 만하다고 별원의 모습을 묘사

집터를 둘러싼 혜음원지 수로

한다. 혜음원은 그러니까 혜음사를 지을 때 가까이에 지은 임금을 위한 행궁이다. 임금 전용호텔인 셈이다.

그렇다면 《동국여지지》의 편자는 왜 하급관리용 숙박시설과 임금 전용호텔을 헷갈렸을까. 《동국여지승람》은 1481년 조선정부 차원에서 만든 관찬 지리지, 《동국여지지》는 1656년 유형원이 편집한 사찬 지리지다. 혜음사와 혜음원이 지어진지 각각 361년, 536년 뒤에 편찬됐다. 혜음사와 혜음원이 여몽전쟁(1231~1259) 중 소실된 것으로 추정하니 1259년에 소실됐다고 가정하면 각각 소실된 지 222년, 397년 뒤에 쓰였다. 조선시대 간행된 여행기에 1476년에 만들어진 혜음령 남방 벽제관 얘기는 숱하게 나오지만 '혜음원'에서 묵었다는 기록은 확인되지 않는다. 그러니까 고려시대 행궁 혜음원은 소실된 뒤 재건되지 않고 장소가 실전된 채 이름만 전해졌다는 얘기다. '○○원'은 관리용 숙소라고 인식하는 조선시대인이 고려 혜음원의 용도를 동시대와 같은 것으로 간주한 것이다. 《동국여지지》가 인용한 이규보와 정포가 시제로 삼은 혜음원은 행궁으로 보인다. 비교적 흔한 하급관리용 숙소를 두고 시까지 쓰지는 않았을 거다.

'혜음사+혜음원' 추론은 발굴에서 드러난 유구와 일치한다. 혜음원지에서는 북동쪽에서 남서쪽으로 경사진 땅에 11개의 단을 만들어 35동의 건물을 지은 것으로 확인되었다. 건물들은 크게 두 개의 그룹으로 나뉜다. 첫째는 담장 출입문에서 북쪽으로 3-3 건물지 뒤편 방형 연못지 중앙 계단으로 이어지는 축선에 지어진 건물군. 두 번째는 담장 내부 오른쪽 뒤쪽으로 완벽한 대칭으로 지어진 일련의

고려 건축의 흔적을 보여주는 혜음원지

건물군. 첫 번째 건물군에는 특수한 용도로 추정되는 건물이 포함돼 있다. 정면 3칸 측면 1칸의 건물지로 내부에는 정사각형 벽돌을 깔고, 건물 외곽으로 기단까지는 청석을 깔아 바닥 시설을 했다. 건물지 중앙에는 '十'자 홈이 파인 정사각형의 석재가 확인되었다. 불경을 새겨 돌릴 수 있도록 만든 윤장대가 있었던 곳으로 추정된다.

두 번째 건물군은 첫 번째 건물군과 달리 한쪽 편이 폐쇄적인 형태이며, 정면 3칸 측면 3칸의 중앙 건물이 좌우에 정면 2칸 측면 3칸의 익사를 거느린 부분이 중심부를 이룬다. 용두, 취두, 잡상을 비롯하여 다량의 일휘문 막새기와가 출토되었고 건물에 사용된 초석이나 기단석을 비롯한 석재들도 매끄럽게 다듬어졌다. 뒤쪽으로는 꽃담이 조성돼 있다.

첫 번째 건물군이 혜음사, 두 번째 건물군이 혜음원으로 추정된다. 혜음원지에서 보이는 물관리 시스템도 추론을 뒷받침한다. 혜음원이 자리한 곳은 두 개의 작은 산맥 사이다. 왼쪽과 앞쪽으로 Y자형 물길 사이 움푹한 곳에 자리 잡았다. 평소에는 문제가 없지만 큰물이 지면 자칫 산에서 흘러내린 물이 건물을 덮칠 가능성이 있다. 하여 건물지 오른쪽과 중간에 별도의 배수로를 내어 물을 아래로 흘려 입구 쪽 인공 연못에서 받도록 했다. 특이한 것은 2단마다 한 번 꼴로 물을 횡으로 흘려보낸 점이다. 여름철 시원한 물소리를 건물 사이사이로 끌어들임은 물론 다리와 계단과 어울려 아름다운 조경 역할을 한다. 물의 속성상 수로 설계는 통합되고 일관되어야 한다. 보통 한 시점에 설계되거나 시점이 다르더라도 일관성을 유지해야 한다. 혜음사와 혜음원이 한 시기에 지어졌다는 방증이다.

혜음원이 고려시대 국립호텔이라며 고려시대의 판타지를 자극하는 것은 잘못이다.

혜음원지는 휴전선 이남에 존재하는 유일한 고려시대 건물 유적지다. 지상 구조물은 일순간 사라졌지만 주춧돌, 돌계단, 수로 등 석구조물은 상당 부분 보존돼 고려시대 건축물의 규모와 짜임새를 보여준다. 유적지는 논으로 바뀌어 발굴 직전까지도 농사를 지었는데, 계단식으로 터 잡은 건물지와 계단식 논농사 방식이 흡사해 유구의 흐트러짐이 비교적 덜한 편이다.

잔존한 석물을 통해 지상의 건물을 상상하는 일은 무척 흥미롭다. 절과 행궁이 같은 곳에 터를 잡은 현상을 통해 왕실과 불교가 밀접한 관계를 맺은 고려시대 모습을 엿보는 일도 재미있다.

파평 윤씨와 청송 심씨의
400년 묘지 다툼

파주시 광탄면 혜음로 930

윤관 장군 묘역은 여느 유명 조상의 묘역과 조금 다르다. 앞쪽에 영정을 모셔두고 춘추로 시제를 지내는 여충사가 있고 뒤쪽 기슭에 석물을 갖춘 분묘가 있는 구조는 같다. 문무인석, 석마, 석양, 동자상, 장명등, 혼유석 등 석물을 찬찬히 들여다보면 형태와 크기가 정연하지 않다. 일부는 고려 때, 일부는 조선시대에 세운 듯하다. 봉분을 둘러싼 담장인 곡장에 눈길을 주면 높이가 참 높다는 걸 알 수 있다. 북방 9성을 개척하면서 북풍한설에 고생했을 조상님을 위해 후손들이 바람막이를 높이 쌓은 걸까.

곡장 뒤쪽으로 언뜻 스테인리스 입간판이 보인다. 성역 머리맡이니 출입을 금한다는 표지라도 세운 걸까. "이 부근은 400여 년간 청송 심씨와의 다툼이 있었던 지역으로 2008년 4월 4일~2008년 6월 20일까지 19기의 묘를 모두 이장해 간 곳입니다." 입간판은

226

1년생 잡초만 듬성듬성한 빈 땅을 거느리고 있었다. 도대체 무슨 일이 있었던 걸까. 윤-심 두 가문의 400년 사연을 복기해 보자. 아픈 과거를 다시 헤집고자 함이 아니다. 조선시대 중후기 반가 사이에 자주 벌어진 명당 다툼의 단면을 보고자 함이요, 조선시대 선비들의 글쓰기가 문중 싸움에 동원되는 실태를 들여다보려 함이다.

윤관 묘로 지목된 이씨 묘

때는 조선 영조 39년(계미년, 1763년). 고양군수 신희가 경기감사 홍낙성에게 보고서를 올린다.

> 심정최의 선산이 파주 분수원에 있는데, 양반인 파주 윤씨가 조상인 윤관의 묘를 찾는다면서 심씨의 산 경내 여러 곳을 마구 파보다가 마침내 심정최의 조부인 고 영의정 공(심지원)의 묘 계단 위 망주석이 서 있는 곳까지 파헤쳤다.

윤씨들이 심지원의 묘를 건드린 것은 그 묘 바로 아래의 묘가 바로 자신들이 찾아 헤매던 윤관의 묘라고 지목하고 이를 확인하려다 빚어진 일이었다. 굴총 대상이 된 묘의 주인은 개성 남쪽 풍덕에 사는 양반 이씨의 10대조 예빈시(고려시대 빈객의 접대를 맡아보던 관청) 소윤(종4품 벼슬). 결국 윤씨들은 피장자의 신원을 확인할 지석을 발견하지 못했고 이웃한 무덤 피장자의 후손인 심씨들과 충돌하기에 이른 것이다.

경기감사 홍낙성은 "윤씨 집안의 소행은 놀라운 일이니 평범하

윤관묘

게 처리할 수 없다"면서도 윤씨들로 하여금 애초 윤관의 묘역으로 심씨의 산을 지목한 사람을 찾아내어 보고하라는 지시를 내린다. 다만 윤씨들이 자기 선조의 묘를 파헤치도록 한 이씨를 두고 "사람의 도리가 없어졌다"며 엄한 형벌을 내리라고 한다.

윤씨는 왜 이씨의 무덤을 윤관 묘라고 간주한 걸까? 윤씨 쪽 기록을 보면, 서울에 거주하는 윤동규가 장단에 사는 딸의 집을 오가는 길에 심 정승 산소 밑에 큰 고총이 있는 것을 보았다. 몇 해 뒤에 다시 그 길을 지나다 고총이 새로 단장되고 '선략장군 덕수이공 호문지묘'라고 새긴 옛날 비석이 서 있어서 이상하게 여겼다. 수소문해서 알아낸 관리인 이씨가 말했다.

그 산소는 우리 산소가 아니고 심씨들의 말이 자기네 선외가집 산소인데 무후(후손이 없음)여서 자기들이 외손봉사를 하게 되었다면서 돈을 주면서 제사를 차려 달라 해서 차려준다.

동규 씨는 문숙공 윤관의 산소가 임강현 용봉산 숭복사 동록(東麓)이라 했는데 혹시 여기가 아닌가 하는 의심이 들어서 서울에 올라와서 종인 수십 명을 데리고 내려가서 그 고총을 파보려 했다. 하지만 심씨의 신고로 파주읍에서 관속들이 나와서 금지하므로 파보지를 못하고 말았다.

그 뒤 윤씨 집안에서는 옛날의 임강현이 지금 분수원이 분명하고 문숙공 산소 앞에는 교자총이 있다 했는데 그 밭 가운데에 있는 돌무더기가 교자총일 것 같으니 여럿이 내려가서 돌무더기를 파보

윤관 묘

윤관 묘비

기로 하고 어느 날 수십 명이 내려가서 돌무덤을 파보았다. 그 결과 석관처럼 되어 있는 가운데 나무 조각 썩은 것과 쇠 조각이 들어 있음을 발견하고 돌무덤을 교자총으로 비정했다. 윤동규 사건은 '계미년 산송'보다 30년 앞서 발생한 일이다.

다시 심씨의 말을 들어보자.

영의정 공의 묘 계단 아래 6보쯤 되는 곳은 풍덕 이씨의 선산인데, 이가가 이를 찾아내기 전에는 봉분의 형태가 작은 말(斗)만 하였고 묘 앞에는 작은 석인 한 쌍이 있었으며, 그 사이에 작은 돌비석 하나가 있었다. 비석이 땅 밖으로 몇 촌 정도 나와 있었지만 전부터 주인 없는 무덤으로 알려져 있었다. 그 무덤의 비석에 '정통 14년에 장사지내다'라는 명문으로 보아 200여 년 된 것이다.

심씨는 의심 대상 묘가 풍덕 이씨 묘임을 주장하고 윤씨들이 왜 그 묘소를 윤관 묘로 지목하는지 알 수 없다고 말한다.

그들의 의심은《여지승람》중에 실려 있는 파주목 능묘의 주(註)에 윤모 묘라고 하는 세 글자에 근거를 하고 있다. 문숙공을 장사지낸 것이 이미 고려 예종 때이므로 고려 때 분수원이 지금 분수원 옛터라고 하는 곳과 반드시 일치하겠는가.《여지승람》에 '분수원이 파주 남쪽 20리에 있다'고 하는데, 지금 분수원 옛터라는 곳은 파주에서 24리다. 그 외에 분수원이라고 전하는 장소가 두 군데 더 있다.

무덤 주인이라는 풍덕에 사는 이씨의 말을 들어보자.

제가 덕수 이씨의 진파 대종이지만 문중이 쇠락하여 시골로 내려
가 적을 두게 되는 바람에 먼 조상의 선영 중에 잃어버린 것이 많
다. 기미년(1739년) 연간에 서울에 사는 문중 사람이 작은 비의 앞
뒷면을 탁본하고 글을 보내어 고하기를 이 비는 파주 분수원 심
정승의 묘 아래 아주 가까운 땅에 묻혀 있었다고 했다. 탁본을 보
니 10대조 소윤공의 묘표였다. 비록 묘표를 명백하게 본 적이 없
지만 의심을 하지 않았다.

그런데 윤씨들이 자신의 집에 찾아와 윤관 묘일 가능성을 제시하
고, 또 자신이 조상의 묘라고 인지하게 된 경위에 의구심이 들어 윤
씨와 더불어 무덤을 열어보기로 했다.

봉분을 열어보니 조그만 광(무덤 안의 석실)이 하나 있었고, 광 위
동쪽에 또 큰 돌이 하나 있었는데 겉으로 편방(석실 앞에 따로 만든
작은 방)의 제도와 같았다. 명기와 지석을 숨겨둔 곳인가 의심하여
파보니 그 안에 가는 누른 흙만 있을 뿐 다른 것은 없었다.

계미년 5월 시작된 산송

계미년 5월 심씨 쪽에서 제기한 산송은 고양, 교하, 파주 등 세 행정
단위에 걸쳐 진행된다. 하지만 세 곳 군수와 목사는 자신들이 파평
윤씨의 외척이라며 판결을 사양한다. 심씨들은 어전에 직접 상소하

윤관 묘에서 바라본 마을

게 되는데, 이로 미루어 고양, 교하, 파주 등으로부터 보고를 받은 경기감사도 세 군수와 비슷한 반응을 보인 것으로 추정된다. 윤씨와 심씨가 내로라하는 세족이라 어떤 판결을 내린다 해도 매끄럽게 수습되기 힘들뿐더러 그 결과는 자신에게 이로울 게 없다는 판단이지 않았을까.

심씨는 8월 어전에 올린 글에서 "윤가와 이가의 죄상은 세(고양, 교하, 파주) 사관이 모르는 것이 아닌데도, 서로 탈면하여 종내 (경기) 영문의 제사대로 엄하게 다스리려 하지 않았고 (경기) 감영에서는 원통함이 있는 바를 알면서도 어떻게 할 수 없어서 서울에 정문을 보내도록 한 것"이라고 말한다. 이어 "지금 윤동섬, 윤동철 등 6, 7인이 또 이가의 무덤을 새로이 봉분하고 개축하려고 일을 시작했다"고 덧붙인다. 이로 미루어 윤씨 쪽에서 이가의 무덤을 윤관 묘로 간주하고 무덤을 정비한 것으로 보인다.

심씨네는 글의 말미에서 "천지의 부모 같은 주상께서 법관에게 명하여 엄숙하게 살피고 조사하여 신속히 윤가와 이가의 전후 죄상을 처벌하셔서 신 등의 선조 묘가 무단히 파헤쳐지는 처지에서 벗어나게 해주소서"라고 호소한다.

이에 윤씨네는 9월에 맞상소를 올린다. 당시 육성이 담긴 윤씨네 글은 이 상소문이 처음이므로 자세히 들여다본다. 상소문의 처음은 이렇다.

문숙공 윤관과 그의 아들 문강공 윤언이의 묘가 파주 분수원 북쪽에 있어 대대로 전해져 왔으니《동국여지승람》에 실려 있다. 그러나 불행하게도 병화 때 자손이 묘에서 떠나게 되었고 연대가 오래된 지라, 묘를 돌보는 일이 소홀하여 두 선조의 묘역이 마침내 고 상신 심아무개의 집안에 의해 점령당하였고, 있던 묘비나 묘표 등의 문적도 아울러 훼손당해 하나도 남아 있는 게 없게 되었다. 그러나 그 땅에 사는 사람이라면 나무꾼이나 목동이라도 윤관의 산소라는 것을 입으로 외우고 있다.

이어 풍덕에 사는 이씨가 자신의 조상 묘라고 알게 된 데는 심씨의 농간이 있음을 암시한다.

이가는 원래 오랫동안 잃어버린 묘였고, 또한 문적을 전해들은 것이 없었는데 기미년에 그의 서울 사는 문중 사람이 심씨의 집안에서 전해준 말을 듣고 탁본을 보내왔기에 찾게 되었다고 했다. 또 그 다음해 개사를 할 때 심씨가 산 아래의 일꾼으로 도왔다고 대답했다.

이씨와 더불어 무덤을 판 전말을 기술한다.

봉분을 열어보니 광과 비슷한 것이 있었는데, 그 모양이 편방처럼 물건을 묻었던 곳 같았으나 잡석과 잡토로 채워져 있었다. 더 아래쪽을 파 들어가니 합장한 진짜 광을 찾게 되었는데 광의 머리가 심씨의 분묘 바깥계단 가운데로 들어가 있었다. 조금 더 파고들어가 확인하고 그만두려 했는데 심씨들이 방해하며 소송하는

나흘째, 의주길을 걷다

데 이르렀고, 이 때문에 급히 도로 봉하고 돌아왔다.

이어 심씨네가 몰락한 이씨를 속이고 매수하여 묘의 주인으로 삼아 윤씨들이 영원히 묘를 찾을 여지를 끊어버리려 한 것이라고 말한다. 이씨 역시 심씨한테 속았음을 깨달았다면서 "선략의 비라는 것에는 단지 한 줄만 적혀 있고 합장했다는 글이 없는데, 여름에 파볼 때 광이 둘이 있었던 흔적이 있으므로 이씨가 부끄러워하며 가버렸다"고 덧붙인다.

끝으로 선조의 묘를 제대로 돌보지 못해 700년 전 해골이 된 분이 망측한 변괴를 당하니 자신들의 죄가 크지만, 원통한 일을 풀어주고 잘못된 일을 교정해 주십사는 뜻을 피력한다.

이때까지는 무덤의 주인이 누구인가를 밝힐 증거가 없었다. 그러하기에 소위 '이씨 무덤'에 세워진 비석이 원래 그 자리에 있던 것인가, 다른 곳에서 옮겨온 것인가로 시비의 무게가 이동한다. 옮겨왔다는 윤씨 쪽의 주장은 심씨네가 윤관의 묘임을 숨기려 이씨 무덤으로 조작했다는 의미고, 원래부터 있던 거라는 심씨네의 주장은 윤씨네의 주장이 억지라는 것이다.

영조의 개입과 갈등의 중단

심씨와 윤씨네는 몇 차례 더 상소문을 올리는데, 두 문중 사이에 낀 이씨가 횡액을 당하게 된다. 윤씨가 와서 따질 때는 윤씨 편에, 심씨가 와서 물을 때는 심씨한테 유리하게 말을 한 결과 영조는 심씨와 윤씨를 제쳐두고 이씨를 불러 문초한다. 그 결과 두 문중 사이에 낀인 희생자임을 알게 되어 풀어주라고 명한다. 영조는 사안의 중대성을 깨닫고 분쟁 묘역 지도를 그려오게 조처하고 두 문중 사람을 불러 자신이 직접 신문하겠다는 뜻을 피력한다. 영조는 10월 13일 밤 두 문중 사람을 불러 친국을 하고 그 결과를 발표한다.

> 대개 그 비석을 자중하여(세운다는 뜻) 윤씨 집안을 금제하고자 한 것은 잘못이 심씨 집안에 있다. 명백한 문적을 구하려고 이씨와 도모하여 묘를 파본 것은 전적으로 윤씨 집안에 달려 있다. 다른 단서는 없는데 이씨의 비석 하나로 인하여 이와 같이(두 문중의 갈등) 된 것이니 이미 명하여 버리도록 했다. 그러니 이쪽이나 저쪽이 옛날대로 할 것이며 서로 다투지 말 것이다. (중략) 이 후에는 윤씨 집안과 심씨 집안은 마땅히 분란을 그치고 각기 선조의 묘를 지키도록 하라.

윤씨가 소위 이씨 묘를 파본 것은 당연한 일이며, 윤-심씨 간의 송사는 비석으로 인한 것이니 비석을 버리고 옛날처럼 사이좋게 지내라는 중재 명령이다.

상황은 다음해(갑신년, 1764년) 완전히 역전된다. 윤씨 쪽의 기록을 보면 "동리노인 한 분의 밀고로 산소 좌편 수십 보 밖의 돌창 속에 부러진 비석 한쪽을 찾았으므로 사실을 나라에 보고하고 종인 수십 명이 내려가서 산소를 파보다가 문숙공의 지석이 나왔으므로 사실을 영종대왕에게 보고했다." 윤면교가 갑신 6월에 올린 상소문을 보자.

나흘째, 의주길을 걷다

하늘의 도가 밝디 밝고 신령스러운 이치가 어둡지 않아 한 조각 부서진 비갈을 묘 앞 매우 가까운 곳에서 찾을 수 있었고 공훈의 작위와 성명, 시호가 비로소 수백 년 인몰된 후에 나타나게 되었으니 얼마나 다행한 일입니까. (중략) 저들이 간사한 꾀로 비석을 부수고 묻는 것으로 충분치 않아 명자를 쪼아 없애 천년의 역사 속에 영원히 인멸시키려 한 것입니다. (중략) 아아 저 심씨 집안에서 남의 묘에 변고를 만들어 낸 죄상을 차마 어찌 말할 수 있겠습니까. 처음에는 무덤을 파고 침범하여 가짜 무덤을 만들었으며 마지막에는 이에 다른 비석을 세워 죽은 자와 산 자를 모두 어지럽혔습니다. (중략) 심씨 집안에서 남의 무덤 위에 장사지낸 무덤은 마땅히 옮겨야 할 것이며 종전의 간악한 죄상도 마땅히 다스려야 할 것입니다.

심씨 쪽에서 전 첨지 심씨 이름으로 맞상소를 올리는데 기세등등하던 그전과 완전히 딴판이다.

대개 파주의 선산은 저의 고조부 증(贈, 사후 추서) 찬성(贊成, 조선시대 의정부에 속한 종1품 벼슬) 신 심종침 때로부터 비로소 장사를 지내게 되었습니다. 저로 말하면 4대를 이어 장사를 지낸 것이 되고 여러 종중 사람들로 말하자면 혹 8대의 문중 선산이 됩니다. 수십 개의 묘가 전후좌우로 널려 있게 된 것이 근 200년이나 오래되었습니다. 지금 윤씨들이 고집하며 말하는 것은 저의 조부 영의정 신 심지원의 묘소입니다. 조부를 장사지낸 곳은 본디 새로 고른 땅이 아니요, 고조의 묘 앞에 있던 땅입니다. 고조는 문숙공의 후손 파평위 윤평의 외현손(외손자의 손자)이었습니다. (중략) 또 얻은 바의 비갈 조각은 매우 얇고 작아 팔 하나로 옮길 수 있으니 무엇이 어려워 멀리 버리지 않고서 얕은 곳에 묻었겠습니까. 또 모든 면을 다 쪼아버리는 것이 무엇이 어려워 단지 그 이름자만 쪼았겠습니까. (중략) 원통한 것은 지금 산을 골라 이장을 하려고 해도 황토 흙에 뼈가 썩어 뜻대로 편안히 보존할 수가 없을 것이란 것입니다. 이것은 진실로 자손 된 자가 이마에 땀이 나고 마음이 손상되는 일입니다. (중략) 지금 윤씨들이 비록 진짜 후손이라고 말하고 근 천 년이 지난 후에 누가 종손이고 누가 지손인지 알 수 있겠습니까. 그러니 누가 마땅히 묘를 지켜야 할지도 알 수 없습니다. 저희들이 이미 이 땅에 장사를 지냈고 또한 옮길 수 없으니 외손의 동족으로 외가 선조의 묘를 보호하는 것은 또한 많은 집안에서의 전례이기도 합니다. 이 선산으로 하여금 한결같이 여러 윤씨가 논하는 것에 의하여 그 봉분을 새로이 하되, 곡장을 설치하는 것만 금지하신다면 저의 조상 묘 또한 침범당해 훼손되고 옮겨지는 근심을 면할 수 있을 것입니다.

두 집안의 상소문을 본 뒤 영조의 반응은 어떠했을까. 6월 14일 차대(매달 여섯 차례 정부의 당상관과 대간, 옥당 등이 입시하여 중요한 일을 보고하는 일)에서 한성판윤 조운규와 대화를 나누는데, 그 과정에 영조는 심씨의 맞상소를 두고 이런 평가를 내린다.

전날 욕을 보이려던 기상이 어찌 이처럼 굴욕적으로 되었는가. 그 말은 마땅히 나중에 태어난 사람으로서 할 것이 못된다. 세월이 지난 후의 일을 지금 어찌 알겠느냐고 했다면 좋을 것을 어찌 이같이 장황한가. 지금은 외가의 선조라고 일컫고 있으니 구차하다고 하겠다. 비석 위에 세 글자가 떨어진 것이 모두 오래되었으니 진실로 괴이하다.

같은 날 당시 영의정 홍봉한과 주고받은 대화에도 화제에 오른다. "산소를 쓸 때 심익창이 산을 점령한 것이 아니었겠는가?" 심익창은 심지원을 말한다. 영조는 심씨의 상소문 중에 심종침, 즉 심지원의 할아버지 때부터 산소를 썼다는 주장의 속내를 알고 있었다. 당시 호조참판이던 심지원이 다른 곳에 있던 자신의 할아버지 묘를 문제의 장소로 이장했다. 홍봉한은 이에 대해 "어찌 그렇지 않겠습니까"라며 맞장구를 친다. "내가 망팔(望八, 여든을 바라본다는 뜻으로, 나이 일흔한 살을 이르는 말.)의 나이로 이런 전쟁 같은 일을 만났으니 마음이 난처하다."

이날치《조선왕조실록》의 기록은 이러하다.

고려 시중 윤관과 고 상신 심지원의 묘에 사제를 명했다. 당초에 윤관, 심지원의 묘가 파주에 있었는데, 윤씨가 먼저 입장하였으나 해가 오래되어 실전하니 심씨가 그 외손으로서 그 산을 점령하고 묘를 썼었다. 이때에 이르러 윤씨 집 자손들이 산 아래에서 비석 조각을 습득하여 심씨 집 자손과 쟁송하여 끝이 나지 않자, 임금이 양쪽을 모두 만류하여 다툼을 금하게 하고 각기 그 묘를 수호하여 서로 침범하지 말라고 명했다. 윤관은 전조의 명상이고 심지원은 아조의 명상이라 하여 똑같이 치제한 것이다.

사실보다는 두 가문의 입장을 공히 고려한 기술이다.

영조의 이러한 판결은 두 문중을 화해시키지 못한 듯하다. 그로부터 9개월 뒤인 영조 41년(을유년, 1765년) 윤 2월 23일치 실록을 길지만 그대로 인용한다.

임금이 밤에 홍화문에 나아가서 전 도정 심정최와 전 첨정 윤희복을 친문하였는데, 양사의 산송 때문이었다. 애초에 고려 시중 윤관의 묘가 파주에 있었는데, 실전이 되었었다. 고 상신 심지원의 묘 밑에 큰 무덤이 하나 있었는데, 윤관의 묘라고 유전해 오던 것을 심씨네가 압장한 것이었다. 윤씨의 후손이 묘갈 두어 쪽을 증거로 찾아서 심씨의 무덤을 이장하여 달라고 소청했다. 심씨네 역시 윤씨네의 외손이기 때문에, 임금은 두 집안이 각자 자기네의 무덤을 보호하고 서로 다투지 말라고 두 집안을 달래어 모두 진정시켰었다. 그런데 이때에 와서 윤씨의 후손이 모여서 심씨의 무덤 앞 계단을 허물자 심씨네가 또 여러 사람을 이끌고 와서 두들겨 쫓아냈다. 이에 서로 잇따라 격고하여 아뢰니, 임금이 윤, 심은 세가의 대족으로서 조정의 덕의를 몸받지 못하고 서로 다투었으며 번거롭게 잇따라 호소하였으니, 엄하게 처치하지 않으면 기강을 무너지게 하고 풍화를 위태롭게 하는 일을 진정시킬 수가 없다고 하고, 드디어 친문하겠다는 명령을 내렸다. (중략) 밤을 새워 두 사람을 친문하여 형을 가한 뒤 차례로 멀리 귀양 보내었다. 그런데 심정최와 윤희복은 각기 나이가 70세였으므로 윤희복은 형을 받고 며칠이 되지 않아서 귀양 가는 도중에 죽었다. (하략)

영조의 강경한 조처로 2년에 걸쳐 벌어진 윤씨와 심씨 사이의 치열한 산송은 조선시대가 끝날 때까지 중도 봉합됐다. 동산소하고 사이좋게 지내라는 어명이 내렸고, 그에 대해 반발했다가 어전에서 곤장을 맞고 귀양가는 일까지 벌어졌으니 더 이상 어쩔 수 없었기 때문이다.

시대가 바뀌어 이루어진 두 문중의 화해

조선왕조에서 대한민국으로 국체가 바뀌면서 사정이 달라진다. 지키지 않으면 안 되는 어명의 존재가 없어졌기 때문이다. 1948년 윤씨네는 심씨 쪽에 무덤을 이장해 갈 것을 강력하게 요청한다. 이에 심씨 쪽 종손이 비용을 받고 이장하기로 윤씨 쪽과 합의한다. 비용은 100만 원이며 50만 원을 선금으로 지불했다. 음력 8월 24일 밤 파묘를 시작해 새벽 3시 회곽에 이르렀을 때 이장에 반대하는 심씨들이 몰려오는 바람에 이장하려던 계획은 실패로 끝났다.

이듬해인 1949년 윤씨 종중 모임에서 종인 중에 심씨 무덤을 파버리고 징역을 가면 나올 동안 가족을 종중에서 보호해 줄 터이니 자원자가 있느냐는 얘기가 나왔다. 춘천에 사는 병순 씨가 자원하여 8월 초 인부 20명을 사서 아침부터 파굴했다. 3시쯤 회성석에 이르러 또다시 작업을 중단했다. 만일 회성석을 깨뜨렸다가 소골이 되고 신체가 없으면 윤씨네가 책을 잡힌다는 대종회장의 연락이 왔기 때문이었다. 병순 씨는 그날 밤 체포되어 8월 5일 개성감옥으로 송치됐다. 윤씨네는 심씨들이 9월 9일 심지원 묘에 모여 절사(節祀, 설 한식 단오 추석 등 명절에 지내는 제사)하는 것을 알아내고, 그날 두 문중이 모여 타협하자는 편지를 내고 그날 찾아갔다. 심씨들은 전일 와서 자고 당일 아침에 절사하고 갔기에, 윤씨 장정 50~60명이 세 번째로 봉분을 파헤쳤다.

1969년 두 문중은 마침내 화해를 하게 된다. 윤씨 쪽에서 심씨 쪽에 "두 집 산소가 모두 오래 돼서 비어 있는 흙더미일 뿐인데 이를 두고 두 집 자손들이 싸움만 하는 게 옳은가. 분묘를 옮기지 못한다면 양 묘간에 담을 쌓아서 윤씨들 제향 때 포장을 치는 일만 없도록 했으면 좋겠다"는 취지의 편지를 보냈다. 무슨 얘긴고 하니, 윤관 묘와 심지원 묘가 너무 가까운 까닭에 윤관 묘 제사가 마치 심지원 묘에 절하는 꼴이었다. 윤씨네는 제사 때마다 묘 뒤쪽으로 포장을 쳐 심지원 묘가 시야에서 보이지 않도록 했다.

이에 7월 24일 두 문중 대표가 묘정에 모여 담터를 결정하고 파주군수, 고양군수, 파주서장 입회하에 화해증서를 썼다.

화해증서 : 파주군 광탄면 분수리 소재 파평 윤씨의 선조 문숙공 분묘에 청송 심씨의 선조 만사상공 분묘가 압장되어 있어 윤-심 양성 간의 송사가 수백 년에 걸쳐 계속되어 왔으므로 양성 간의 세렴이 되어 있던 시비를 일체 화해하기 위하여 윤-심 양성이 합력해서 두 분묘 사이에 곡장을 쌓고 이 사실을 후인에게 알리기 위해서 양성 대표들의 서명 날인으로 차 증서를 작성해서 각기 보관하기로 함. 서기 1969년 7월 24일.

곡장(曲牆)은 24일부터 착수해서 바로 쌓았다. 그 비용 28,378원은 심씨 쪽에서 부담했다. 결국 2008년 윤관 묘역에 산재한 심씨 쪽 묘는 윤씨 문중에서 제공한 인근의 땅으로 이장해 갔다.

윤관 묘 무인석

여전히 이야기할 것이 많은 곳

원고를 정리하고 나면 홀가분할 줄 알았는데 오히려 더 무겁다. 처음 계획의 절반에도 이르지 못했을뿐더러, 정리하는 주제들은 또 다른 주제를 물고 있었기 때문이다.

파주 이야기를 위해 내가 처음 찾은 곳은 홍랑 묘다. 한국 고전 문학을 곁눈질하면서 기억에 남은 작품 가운데 하나가 〈묏버들가〉다. 나루터에서 님을 배웅하며 문득 버드나무 가지를 꺾어주면서 하는 말. 자시는 창가에 심어두고 보세요. 봄 되어 새 잎이 나거든 나인 줄 아세요. 부디 잊지 말라는 말이다.

버드나무는 물을 좋아해 예전에는 나루터나 우물가에서 잘 자랐다. 이러구러 사연이 많을 수밖에. 최경창과 홍랑 사이에는 헤어짐과 관련되지만 만남과 관련된 이야기도 많다. 지나가는 선비가 우물가 물 긷는 처자에게 물을 청하고, 그 처자는 물그릇에 버들잎을 띄워 건네주면서 인연이 맺어진다는 등.

　버드나무 이미지는 전통적으로 여성적이다. 우물가에 자라는 성질 외에 가느다란 이파리와 줄기가 앳된 처자를 떠올리게 하기 때문이다. 나무에 얽힌 설화가 청춘남녀의 사랑과 관련된 것도 그런 데서 말미암는다. 하지만 이파리를 찬찬히 들여다보면 바람을 가르는 듯한 윤곽과 뾰족한 꼬리에 서늘함을 넘어 살기마저 감돈다.

　조선시대 초 버드나무 잎 모양의 '팔방통화'를 주조하여 유통시켰다. 평시 동전이되 전시에는 화살촉으로 쓰기 위해서다. 유엽전(柳葉錢)을 때와 장소를 달리하여 유엽전(柳葉箭)으로 바꿔 쓰는 기발함. 이 화살은 비거리가 길고 위력이 강해 무과 활쏘기 종목에 포함돼 있었다고 한다.

홍랑에서 시작된 파주 답사는 곳곳에서 전흔과 마주치면서 벽에 부닥쳤다. 감악산 정상에서 만난 '몰자비'가 그 가운데 하나다. 얇은 화강암 판석이며 갓을 씌웠던 흔적이 보이는 점, 주변 지세를 두루 살필 수 있는 곳에 세워진 점에서 북한산 순수비와 흡사하다. 신라가 북으로 강역을 넓힐 무렵 그 부근의 경계와 겹치기에 신라 고비(古碑)일 가능성이 높다. 하지만 비면이 한 꺼풀 벗겨져 더 이상 글자 흔적을 뜯어볼 수가 없다.

　신라인 눈으로 내려다보면, 멀리 임진강이 구불구불 흐르고 선 자리에서 흘러내린 산자락과 들판이 레이스처럼 만나는 지점이 칠중성이다. 고구려와 지경을 다툰 곳이다. 1300여 년이 지난 1951년 그곳에서 영국 병사와 중국 병사가 육박전을 벌였다. 내게 고구려와 신라가 아득한 만큼, 영국과 중국 병사에게 한국 땅 임진강은 낯설었으리라. 무연의 땅에서 은혜도 원한도 없는 양국 병사가 죽기 살기로 싸웠다. 그곳은 아직 한 꺼풀 흙을 벗기면 피 냄새가 훅 끼칠 듯하다.

한국전쟁을 알지 못하면 파주를 안다고 할 수 없다. 한국인이 쓴 《전쟁사부도》(육군사관학교 편),《길고긴 여름날 1950년 6월 25일》(백선엽), 미국인이 쓴《한국전쟁》(브루스 커밍스),《콜디스트 워》(데이비드 핼버스탬), 중국인이 쓴《중국이 본 한국전쟁》(홍학지),《한국전쟁》(왕수쩡)을 읽고 비로소 한국전의 전모를 파악할 수 있었다. 한국인이 쓴 책에서 용감무쌍했고 중국인이 쓴 책에서 오합지졸인 한국군을 제3의 눈으로 보게 됐다.

　파주를 관통하는 임진강. 그 강을 인민군은 6월에 넘었고, 유엔군은 그해 10월 반대로 넘었다. 이듬해 1월과 4월에는 중국군이 도강하여 남하했고, 그 사이에 미군이 북행 월강한 바 있다. 4월 말에 벌어진 임진강 설마리 전투는 중국군에겐 승리였고 영국군에겐 패배였다. 여기에 한국군은 조연으로 등장한다. 중국군은 영국 29여단 오른쪽으로는 한국군 제6사단을, 왼쪽으로는 제1사단을 집중 공략하여 구멍을 뚫고 그 구멍으로 깊숙이 침투함으로써 영국군을 삼면에서 공격할 수 있었다.

　적성면 마지리에 영국군 참전 기념공원이 조성돼 있다. 그곳 기념비와 조형물은 29여단 글로스터 대대를 기린다. 대대본부가 있던 곳이고 그곳에서 용감하게 싸웠으며 최후를 맞은 장소이니만큼 의미가 크다. 하지만 영국 참전 군인들은 글로스터 내대만 부각된 점을 이해하지 못한다. 여단은 글로스터 대대, 퓨질리어 대대, 라이플스 대대 등 3개 대대로 편성되었고 임진강 전투 당시에는 벨기에 대대가 배속돼 같은 지휘 라인에 있었다. 소속 대대들은 중국군의 총공세에 맞서 맡겨진 방어선에서 충실하게 전투를 수행했다. 3개 대대는 순조롭게 철수했지만 글로스터 대대는 지형 조건 등 몇 가지 핸디캡으로 후퇴에 실패했을 뿐이다.

파주시에는 한국전쟁 참전 또는 전공을 기리는 비석이 많다. 임진각에는 미국군 참전비, 임진강지구 전적비, 미 제2사단 6.25 참전비, 미 육군 제187공수특전단 참전비 등 조형물이 밀집돼 있다. 통일공원에는 김만술 소위상, 육탄10용사 충용탑, 파주읍 봉암리에는 해병대 수도방위 기공비가 세워져 있다. 이 밖에 해병 제1상륙단 전공 선양비(조리면 등원리), 한미 해병 참전비(봉일천), 육군 첩보부대 서부 제1지대 전공비(광탄면 창만리), 케니상사 전공비(법원읍 동문리) 등이 있다. 영국군 참전 기념비처럼 사연이 깃들어 있을 터이다.

전쟁 이후는 어떠한가. 미군 부대가 곳곳에 주둔해 군사분계선 방어에 기여했다. 지역주민과는 갈곡리처럼 우호적으로 지낸 곳도 있고 장파리, 용주골처럼 지지고 볶은 곳도 있다. 하지만 미군 주둔지와 그 주변에 대한 체계적인 조사가 이뤄졌다는 얘기를 듣지 못했다.

파주는 일복이 많은 곳이다.

참고문헌

단행본

강주원 외,《파주 DMZ의 오래된 미래, 장단》(파주시중앙도서관,
　　한국민속학회, 2021)

고상만,《장준하 묻지 못한 진실》(돌베개, 2012)

고상만,《중정이 기록한 장준하》(오마이북, 2015)

김형준 외,《임진리》(국립민속박물관, 2015)

대한민국재향군인회,《12.12 5.18 실록》(1997)

만사학술연구원,《파주분수원산송전말》(1998)

박홍갑 외,《고성이씨 가문의 인물과 활동》(일지사, 2010)

백선엽,《길고긴 여름날 1950년 6월 25일》(지구촌, 1999)

백종오,《고구려 남진정책 연구》(서경, 2006)

브루스 커밍스, 조행복 옮김,《브루스 커밍스의 한국전쟁》(현실문화, 2017)

안소니 파라-호커리, 김영일 옮김,《한국인만 몰랐던 파란 아리랑》
　　(한국언론인협회, 2003)

앤드류 새먼, 박수현 옮김,《마지막 한 발》(시대정신, 2009)

양내현,《역사의 증언》(형설, 1993)

윤석훈,《파평윤씨연원사》(파평윤씨대종회, 1984)

이상돈,《미 해병대 한국을 구하다》(기파랑, 2013)

임상혁,《나는 선비로소이다》(역사비평사, 2020)

임종업,《대성동》(파주중앙도서관, 소동, 2021)

장주식,《삼현수간》(한국고전번역원, 2013)

정원철,《고구려 산성 연구》(동북아역사재단, 2017)

조성훈,《한국전쟁과 포로》(선인, 2010)

최경창, 권순열 옮김,《고죽집》(영암문화원, 2002)

파주시중앙도서관,《파주모던타임즈 1950~1980》(2021)

한영우,《우계성혼 평전》(민음사, 2016)

한영우,《율곡이이 평전》(민음사, 2013)

K. S. 티마야, 라윤도 옮김,《판문점 일기》(소나무, 1993)

《파주 혜음원지 소책자》(미상)

《파주군지》(1995)

《파주시지》(2015)

논문

강덕규,〈한국전쟁시 영국군의 임진강 전투와 그 의의-
　　설마리 전투를 중심으로〉(석사학위논문, 2004)

김재홍,〈12세기 혜음원지 석조계단 유형과 특징에 관한 연구〉
　　(대한건축학회논문집 제28권 11호, 2012)

박영실,〈정전협정 체결 후 비무장지대 반공포로수용소 발생사건〉
　　(아세아연구 제57권 4호, 2014)

박찬설,〈영국군의 한국전쟁 참전 경위와 임진강 전투〉(군사 제7호, 1983)

배다니엘,〈당대 이별시에 이입된 '양류' 묘사의 효용성〉

(중국학연구 제88집, 2019)

서영일, 〈삼국시대 임진강 유역 관방체계와 덕진산성〉

(백제문화 제56집, 2017)

신병주, 〈1623년 인조반정의 경과와 그 현재적 의미〉

(인문과학논총 제46집, 2008)

우성훈, 〈혜음원지와 고려 정궁지 건축유구의 특성에 관한 고찰〉

(건축역사연구 제27집 6호, 2018)

임주탁, 〈시조 대중화의 한 양상-홍랑과 묏버들을 대상으로〉

(고전문학연구 제48집, 2016)

전영준, 〈고려 예종대의 사찰 창건과 승도 동원-혜음사신창기를 중심으로〉

(진단학보 97)

최혜영, 〈버드나무 신화소를 통해본 유라시아지역의 문명 교류의 가능성 또는 그 접점〉(동북아역사논총 22호)

Thomas Hanson, "A Forty-minutes Korean War: The Soviet Defector Firefight in the Joint Security Area, Panmunjom, Korea, 23 November 1984" (https://armyhistory.org/a-forty-minute-korean-war-the-soviet-defector-firefight-in-the-joint-security-area-panmunjom-korea-23-november-1984/)

파주 역사여행

용미리 마애불부터 DMZ까지

발행일	2022년 1월 2일 1쇄
지은이	임종업
사진	남규조
기획	파주시 중앙도서관
펴낸곳	소동
주소	경기도 파주시 돌곶이길 178-23
전화	031-955-6202, 070-7796-6202
팩스	031-955-6206
페이스북	https://www.facebook.com/sodongbook
전자우편	sodongbook@gmail.com
펴낸이	김남기
편집	송복란, 시옷공작소
디자인	디자인 <비읍>
홍보	하지현
ISBN	978-89-94750-93-4 03910

본 도서는 파주시 중앙도서관이 기획하고 소동출판사가 주관하여 진행, 제작되었습니다.